The Wayfarer

The beauty of the world hath made me sad,
This beauty that will pass;
Sometimes my heart hath shaken with great joy
To see a leaping squirrel in a tree,
Or a red ladybird upon a stalk,
Or little rabbits in a field at evening,
Lit by a slanting sun,
Or some green hill where shadows drifted by
Some quiet hill where mountainy man hath sown
And soon would reap; near to the gate of Heaven;
Or children with bare feet upon the sands
Of some ebbed sea, or playing on the streets
Of little towns in Connaught,
Things young and happy,
And then my heart hath told me;
These will pass,
Will pass and change, will die and be no more,
Things bright and green, things young and happy;
And I have gone upon my way
Sorrowful.

Pádraig Mac Piarais
1879–1916

Dúlra agus Dúchas
Our Heritage

PÁDRAIG MAC PIARAIS 1879–1916
do chomóradh céad bliain a bhreithe
to commemorate the centenary of his birth

Dúlra agus Dúchas
Our Heritage

údar
MÍCHEÁL MAC GINNEÁ
ealaíontóir
MAIRÉAD NÍ NUADHÁIN

AN GUM
AN ROINN OIDEACHAIS

© Rialtas na hÉireann 1979
An Chéad Chló 1979
Athchló 1993

ISBN 1-85791-052-4

Clóchur/typesetting Devlin Typesetters Ltd.
Dathscaradh/colour separations Litho Studios Ltd.
Muintir Chathail a chlóbhuail i bPoblacht na hÉireann
Arna fhoilsiú i gcomhar le hOifig an tSoláthair

Le ceannach ón
Oifig Dhíolta Foilseachán Rialtais,
Sráid Theach Laighean,
Baile Átha Cliath 2
Nó ó dhíoltóirí leabhar.

Orduithe tríd an bpost ó
Rannóg na bhFoilseachán,
Oifig an tSoláthair,
4-5 Bóthar Fhearchair,
Baile Átha Cliath 2.

An Gúm, 44 Sráid Uí Chonaill Uacht., Baile Átha Cliath 1.

Buíochas

Gabhann an t-údar buíochas ó chroí leis na daoine ar fad a chabhraigh leis le linn dó a bheith ag obair ar an leabhar, go háirithe le
leabharlannaí agus foireann Leabharlann Chluain Dolcáin, Co. Bhaile Átha Cliath
foireann na Leabharlainne Náisiúnta, Baile Átha Cliath
Dáithí Ó hÓgáin agus Roinn Bhéaloideas Éireann
Caoilfhionn Nic Pháidín (eagarthóir an leabhair), an Gúm, an Roinn Oideachais
agus go háirithe le Brenda Mhic Ginneá, a bhean chéile.

Tá an t-eagarthóir buíoch de na daoine ar fad a bhí chomh fial sin lena gcomhairle agus lena gcúnamh agus an téacs seo á ullmhú chun cló, go háirithe
foireann Ard-Mhúsaem na hÉireann, Baile Átha Cliath
foireann Ghairdín na Lus, Baile Átha Cliath
foireann Choimisiún na Logainmneacha
cigirí bunscoile na Roinne Oideachais

Clár
Contents

Réamhrá *Introduction*	1	Tithe solais *Lighthouses* ... 36
Cois trá *At the sea*	2	Biashlabhra *A food chain* ... 38
Ranna an chladaigh *Shore regions*	4	Truailliú an aeir *Air pollution* ... 40
Ciumhais na mara *The strandline*	6	Aer *Air* ... 42
Na dumhcha *Sand dunes*	8	Timthriall na hocsaigine *The oxygen cycle* ... 44
An lochán sáile 1 *The rock pool 1*	10	Cineálacha scamall *Cloud types* ... 46
An lochán sáile 2 *The rock pool 2*	12	Ceo, sioc agus drúcht *Fog, frost and dew* ... 48
Éanlaith farraige 1 *Sea birds 1*	14	Feiniméin nádúrtha *Natural phenomena* ... 50
Éanlaith farraige 2 *Sea birds 2*	16	Sléibhte *Mountains* ... 52
Taoidí *Tides*	18	Múnlú na sléibhte *Mountain formation* ... 54
Iasc *Fish*	20	Crainn na hÉireann 1 *Irish trees 1* ... 56
Iascaireacht *Fishing*	22	Crainn na hÉireann 2 *Irish trees 2* ... 58
Iasc peiligeach *Pelagic fish*	24	Coillte Dúchasacha *Native woods* ... 60
Iasc grinnill 1 *Demersal fish 1*	26	An fia agus an t-iora *The deer and the squirrel* ... 62
Iasc grinnill 2 *Demersal fish 2*	28	An sionnach agus an broc *The fox and the badger* ... 64
Iasc sliogáin 1 *Shellfish 1*	30	Feithidí agus múscáin *Insects and fungi* ... 66
Iasc sliogáin 2 *Shellfish 2*	32	Mamaigh bheaga na coille *Small woodland mammals* ... 68
Obair na farraige *The work of the sea*	34	Éanlaith choille *Woodland birds* ... 70

Féileacáin agus leamhain .. 72 *Butterflies and moths*	Lochanna agus locháin .. 108 *Lakes and ponds*
Bláthanna na coille .. .. 74 *Woodland flowers*	Lochanna ardtailte .. .. 110 *Upland lakes*
Alpaigh agus Lúsatánaigh .. 76 *Alpines and Lusitanians*	Dúile beaga an locháin .. 112 *Microscopic pond life*
Aiteann .. .. .. 78 *Furze*	Feithidí na lochanna .. 114 *Lake insects*
Plandálacha .. .. 80 *Plantations*	An easóg .. .. .. 116 *The stoat*
Páirceanna foraoise .. .. 82 *Forest parks*	Ialtóga .. .. .. 118 *Bats*
Páirc Foraoise Loch Cé .. 84 *Lough Key Forest Park*	Dhá éan creiche .. .. 120 *Two birds of prey*
Féaraigh na sléibhte .. 86 *Mountain pastures*	Beatha an ghairdín 1 .. 122 *Garden life 1*
Cúrsa na habhann .. .. 88 *Rivers—origins and stages*	Beatha an ghairdín 2 .. 124 *Garden life 2*
Óige na habhann .. .. 90 *The young river*	Buafa, earca, froganna .. 126 *Toads, newts, frogs*
Scothaois na habhann .. 92 *The mature river*	Portaigh .. .. .. 128 *Bogs*
Seanaois na habhann .. 94 *The old river*	Pluaiseanna .. .. 130 *Caves*
Éanlaith fionnuisce 1 .. 96 *Freshwater birds 1*	Crannóga .. .. .. 132 *Lake-dwellings*
Éanlaith fionnuisce 2 .. 98 *Freshwater birds 2*	Ráthanna agus dúnta .. 134 *Ringforts and hillforts*
An bradán, an eascann .. 100 *The salmon, the eel*	Seodra ársa .. .. 136 *Ancient jewellery*
An garmachán .. .. 102 *The stickleback*	Cloigthithe, ardchrosa .. 138 *Round towers, high crosses*
Toibreacha, aibhneacha .. 104 *Wells, rivers*	Caisleáin agus tithe túir .. 140 *Castles and tower houses*
Toibreacha beannaithe .. 106 *Holy wells*	Gluais .. .. .. 142 *Glossary*
	Innéacs .. .. .. 149 *Index*

Réamhrá
Preface

Scríobhadh an leabhar seo chun go gcuirfeadh daoine óga aithne ar dhúile beo na timpeallachta agus ar shéadchomharthaí na hÉireann. Tá sé á fhoilsiú i gcuimhne Phádraig Mhic Phiarais, a rugadh céad bliain is an tráth seo.

Le linn a óige a chothaítear spéis an duine sna gnéithe is bunúsaí agus is tábhachtaí den saol. Téann na rudaí a fheiceann daoine óga agus a thugann siad faoi deara sna blianta sin i bhfeidhm go mór ar a meon agus ar a bpearsantacht. Cabhróidh an leabhar seo leo eolas a chur ar ghnáthóga aiceanta a dtíre féin, ar a cuid plandaí agus ainmhithe. Saothar cruthaitheach is ea an leabhar seo seachas saothar tagartha agus músclóidh sé fiosracht agus spéis na ndaoine óga sa saol beo atá timpeall orthu.

Rinneadh iarracht ar leith, agus an leabhar seo á scríobh, ar dhúile beo na timpeallachta a léiriú ina ngnáthóga féin. Tharla dá bhrí sin gur roghnaíodh gnáthóga áirithe—an cladach agus an fharraige, na sléibhte agus na foraoisí, lochanna agus aibhneacha na hÉireann—chun plé ar leith a dhéanamh orthu. Ar an gcaoi sin is fearr a chuirfidh léitheoirí óga aithne ar ainmhithe agus ar phlandaí agus is éifeachtaí go mór é ná staidéar iomlán eolaíoch a dhéanamh orthu, ceann ar cheann. Tugtar eolas anseo freisin ar chuid de na gnéithe is bunúsaí den eolaíocht, toisc go dtéann siad i bhfeidhm ar a saol chomh mór sin, cúrsaí aeráide agus timthriall na hocsaigine, mar shampla.

This book is a creative work which treats of the various Irish habitats in a manner most suitable for young people between the ages of nine and fourteen. It should both increase their knowledge of the natural environment and enhance their appreciation of the beauty of their own country.

The artwork has, likewise, a dual function. Special attention has been paid to detail and the illustrations will enable the reader to recognise and to differentiate between species. Most important of all, the pictures reveal both the beauty and the wonder of nature.

Both Irish and English are used in the text. The narrative style is informative and the English equivalent has been inserted in parentheses where it was anticipated that the reader might have difficulty with the Irish text. The entire book should be understood by the age group for which it is intended. As a further aid to the reader an asterisk (*) is used to indicate those Irish words which are explained in the glossary at the back. The index should provide a useful guide to the flora and fauna.

Cois trá
At the sea

Áit álainn is ea an cladach* agus is minic a thagann ealaíontóirí* chun pictiúir a dhéanamh de na radhairc bhreátha a bhíonn le feiceáil cois farraige. Le héirí agus le luí gréine bíonn an fharraige níos áille ná mar a bhíonn sí aon am eile, mar bíonn dathanna na spéire le feiceáil i scáthán an uisce.

Ní sa samhradh amháin a bhaineann daoine taithneamh as an trá. Is breá le daoine siúlóid trá am ar bith den bhliain. Tar éis stoirme geimhridh is minic a bhíonn sliogáin agus feamainn le feiceáil nach mbíonn ann aon am eile. Mar sin féin, is sa samhradh is mó a bhaineann daoine taitneamh as an trá agus as an bhfarraige. Bíonn na páistí amuigh le buicéid agus le spáda. Bíonn a thuilleadh acu ag imirt peile agus leadóige, cuid eile fós ag bailiú sliogán, agus a dtuismitheoirí*, b'fhéidir, ina luí faoin ngrian ag glacadh a suaimhnis*. Sa dán *The Wayfarer* scríobh Pádraig Mac Piarais faoin áilleacht a chonaic sé timpeall air:

Or children with bare feet upon the sands
Of some ebbed sea.

Is breá an caitheamh aimsire é an snámh, agus fad agus a bhíonn tú cúramach, bainfidh tú an-tairbhe* as. Ná téigh riamh ag snámh leat féin. Snámh comhthreomhar (parallel) leis an trá i gcónaí, agus ná téigh amach thar d'airde féin. Bíonn comharthaí rabhaidh* ar thránna áirithe. Déan rud ar na comharthaí seo agus beidh tú slán*.

Fishing gives many people great pleasure. You can fish from piers or rocks for mackerel, pollock and wrasse, or from the shore for bass. Many people fish from small boats, and enjoy both the boating and the greater variety of fish available a little offshore.

Sailing itself is a very popular sport and the deeply indented Irish coast provides many safe anchorages. If you ever go out in a boat make sure to wear a life-jacket!

Sa seansaol, bhíodh rásaí capall ar na tránna go minic, agus bíonn siad ar siúl fós in áiteanna. Capaill fheirme is mó a bhíodh ag rith sna rásaí capall agus ceapadh a lán amhrán ina dtaobh*. Bíonn rásaí capall ar siúl fós ar an trá i Ros Beithe agus ar thrá Fionntrá i gCo Chiarraí. Bíonn rásaí cáiliúla ar siúl gach bliain ar an trá in Inse (Laytown). Bhíodh rásaí bád ann, leis, agus bhíodh naomhóga faoi leith—naomhóga ráis—ag glacadh páirt sna rásaí naomhóg agus tá ceardaithe ann fós ar féidir leo na naomhóga sin a dhéanamh. Bíonn rásaí na gcurach ann gach samhradh sa Spidéal agus i Leitir Mór i gCo na Gaillimhe. Naomhóg a thugtar ar an mbád éadrom seo i ndeisceart na tíre, curach a thugtar air san iarthar.

Litter and pollution are two great threats to our beaches. Several recent tanker disasters have polluted, or have seriously threatened, our coasts. Oilslicks have a disastrous effect on sea birds. In the Torrey Canyon disaster off the coast of Cornwall in March 1967, it is estimated that 20,000 guillemots alone died, and the most dedicated efforts to clean the oiled birds rescued only one in eighty.

Many other things can pollute our beaches. Broken bottles, household rubbish, dead animals and picnic litter are often heedlessly left strewn about on beaches. Broken glass and tins are particularly dangerous as they can cause serious injury. Picnic litter should be placed in a litter bin if one is available. Proper conservation and attention to cleanliness will ensure that our beaches will remain clean, safe and beautiful for us to enjoy.

Ranna an chladaigh
Shore regions

Plants and animals which live on the beach require regular immersion in sea-water in order to survive. This is why the region immediately above high water mark contains very few living things. Although it is frequently drenched with spray, this section is too dry for most marine life. You will, however see many lichens of various colours. In sheltered crevices on the cliff face, you may find sea-pinks. These are very colourful cliff plants. Other crevices may contain a carpet of stonecrop with their pinkish-white flowers. Birds rest on the rocks, and you can try to identify the various species of seagulls: the herring gull, the blackheaded gull, the common gull and the glaucous gull.

Má leanaimid orainn ag siúl síos i dtreo na farraige, feicfimid réigiún* trá a bhíonn tirim de ghnáth. Ní bhíonn sé faoi uisce ach le linn rabharta*. Faightear roinnt feamainne anseo. Ní fhásann sí rómhór mar ní minic a bhíonn sí faoi uisce. An dúlamán (channel wrack) agus an fheamainn bhoilgíneach (bladder wrack) is mó a bhíonn ann. Deirtí go raibh leigheas ar dhaitheacha (rheumatism) san fheamainn bhoilgíneach. Dhéantaí í a bhruith in uisce sáile*. Ansin dhéantaí na boilgíní* a phléascadh. Dhéanadh an t-othar é féin a ní san uisce sin. Deirtí go raibh leigheas ann freisin ar an ngalar creathach (St. Vitus's Dance). I measc na feamainne seo, feicfidh tú giúrainn (barnacles), faochain (periwinkles), agus go leor dreancaidí trá (sandhoppers).

Is i lár na trá, áit a bhíonn faoi uisce le linn gach barr taoide, is mó is fiú duit dul ar thóir* na ndúl* mara. Anseo arís, gheobhaidh tú an dúlamán agus an fheamainn bhoilgíneach, ach feicfidh tú an fheamainn bhuí (knotted wrack), an mhíoránach (serrated wrack) agus an glasán (sea-lettuce) anois is arís.

Seaweeds are marine plants, and as such they have no true roots, stems or leaves. The holdfast attaches the seaweed to the rock. The stipe and fronds are tough and flexible. It makes its own food by utilising the energy of the sun to process the raw materials absorbed from the surrounding salt water.

Examine the seaweed closely and you will find many hydroids. They are 5-6 cm tall, and look like little ferns or sometimes like tufts of hair. They are in fact colonies of little animals attached to the seaweed.

On sandy beaches you will find the lug-worm, and in some areas the rag-worm. You may have dug lug-worms as fishing bait, and you will recognise the wormlike casts made by them as they burrow under the sand.

Thíos ar íochtar na trá tá réigiún a bhíonn faoi uisce de ghnáth. Ní bhíonn sé tirim anseo ach le linn lag trá rabharta. Gheobhaidh tú a lán feamainne anseo, rufaí (sea belt) agus coirleach (strapwrack) ina measc. Bíonn cuma ribíní ar an gcoirleach agus tugtar ribíní uirthi in áiteanna. Ar an gcuid seo den trá faightear dhá shórt feamainne a bhaintear mar bhia. Is féidir an duileasc (dulse) a thriomú agus a chogaint cosúil le guma* coganta. Triomaítear an carraigín chomh maith. Is féidir glóthach dheas bhlasta a dhéanamh as an gcarraigín má dhéantar é a bhruith i mbainne.

Bíonn na sceana mara (razor shells), na ruacain (cockles) agus na muiríní (scallops) ar an gcuid sin den trá freisin. Bhí an-mheas ag na seandaoine ar ruacain mar bhia. 'Bia rí ruacan', a deiridís.

---

1 rabhán/sea-pink 2 caisíneach/channel wrack 3 feamainn bhoilgíneach/bladder wrack 4 olann dhearg ag fás ar fheamainn bhuí/polysiphonia growing on knotted wrack 5 glasán/sea-lettuce 6 coirleach/strap wrack 7 rufa/sea belt 8 ruálach/sea-laces 9 léicín/lichens 10 cláirseach thrá/sea-slater 11 giúrainn/barnacles 12 dreancaid trá/sandhopper 13 faocha/periwinkle 14 lugach/lug-worm 15 portán glas/shore crab 16 scian mhara/razor shell 17 ruacain/cockles 18 duileasc/dulse 19 carraigín/carrageen.

Ciumhais na mara
The strandline

Bíonn gaineamh, clocha, agus sliogáin le feiceáil ar an trá. Uaireanta bíonn a lán sliogán deas le fáil. Bíonn níos mó díobh ann tar éis drochaimsire ná aon am eile, mar bogann an fharraige gharbh na sliogáin. Ní minic a fheicfidh tú iasc sna sliogáin, mar itheann na héin iad. Diúilicíní (mussels), ruacain (cockles), bairnigh (limpets), muiríní (scallops), cuachmaí (whelks), agus sceana mara (razor shells) is mó a fheicfidh tú.

Má chuireann tú sliogán cuachma le do chluas, cloisfidh tú glór. Deirtear gurb é sin glór na farraige. Is féidir ornáidí agus luaithreadáin* an-deasa a dhéanamh as na sliogáin.

Mermaids' purses are common on most beaches. These are the egg cases of ray, skate, and dogfish. The dogfish cases have long curling tendrils at each corner. These attach the egg cases to the seaweed on the seabed. Whelk egg cases look like clumps of enormous coarse sponge. They are made up of many empty receptacles about 5 mm wide, and are papery and brittle when dry. Models and collages may be made from things you can collect when you go for a walk along the strand.

Jellyfish are most common in summer. They resemble lumps of jelly in the sand. As you may know, a sting from one of these creatures can be very painful.

On the seashore you will often find pieces of wood which the sea has worn into unusual shapes. Some of the holes in the wood are bored by the shipworm. This little worm is really a shellfish. Its shell is on its head and it can bore its way through wood.

Bíonn go leor feamainne ar an trá. Tamall de bhlianta ó shin, d'úsáideadh na feirmeoirí feamainn chun a gcuid talún a leasú*. Dath glas nó dath donn a bhíonn uirthi. Uaireanta, tar éis stoirme, feicfidh tú cuid mhaith den fheamainn bhoilgíneach caite i dtír. Bailítear an fheamainn ar an gcósta thiar agus díoltar thar lear í chun ceimiceáin* a dhéanamh.

I measc na feamainne gheobhaidh tú na céadta dreancaidí trá. Tá sé an-deacair radharc ceart a fháil orthu, mar bíonn gach aon léim acu. In áiteanna taise* díreach taobh thuas de bharr taoide a chuireann siad fúthu mar ní maith leo an sáile* ná an chuid thirim den trá. Feicfidh tú na poill bheaga a dhéanann siad dóibh féin sa ghaineamh.

A man drawing cartloads of sand from the strand to his farm was a common sight on Irish coasts until quite recently. The sand was used as a fertilizer on certain types of land and as a scouring agent for polishing metal pots and pans. People used dry sand also on floors. When houses had bare, earthen floors, they were sprinkled with sand after sweeping. This practice continued for a while in modern concrete-floored houses, and helped to keep the floors clean. Sanded floors are rarely seen now, as most floors have some kind of manufactured covering. Sand was also used in outhouses as a form of bedding for cows.

Má théann tú ag siúl cois trá bí ag faire amach do na sliogáin deasa a thagann isteach leis an taoide. Feicfidh tú cuid acu sa léaráid. Tabhair faoi deara na dathanna éagsúla atá orthu.

---

1 *ubhshac na cuachma*/whelk eggcase 2 *ubhshac an sciata*/skate eggcase 3 *ubhshac an fhíogaigh*/dogfish eggcase 4 *cuán mara*/sea-urchin 5 *rian na rincs ar adhmad*/shipworm in wood 6 *cnámh an chudail*/cuttlefish bone 7 *smugairle róin*/jellyfish 8 *ruacan*/cockle 9 *bairneach*/limpet 10 *cuachma chon*/dog whelk 11 *faochán Muire*/top shell 12 *faochain leathana*/flat periwinkles.

Na dumhcha
Sand dunes

Feicfidh tú cnocáin* bheaga gainimh ar imeall* na trá go minic. Séideann an ghaoth an gaineamh agus is mar seo a fhásann na dumhcha. Triomaíonn an gaineamh an-tapa ar fad. Ní fhásann ar na dumhcha ach plandaí a n-oireann an talamh tirim dóibh mar ní bhíonn mórán uisce le fáil sa ghaineamh.

Fásann an lus Bhealtaine (scentless mayweed) agus an cuileann trá (sea-holly) chomh fada síos le barr taoide. Tá an lus Bhealtaine cosúil leis an nóinín. Má bhaineann tú an cuileann trá agus é i dtús blátha, fanfaidh sé úr sa teach agat go ceann tamaill fhada ach ní bheidh dath róláidir ar an mbláth.

Marram grass is one of the very few plants that can grow on loose sand. It has sharp narrow leaves, rush-like in appearance. It rolls its leaves into long tubes, thus keeping moisture inside the pipe. In damp weather these leaf-rolls open out. The stems grow underground and tufts of grass shoot up here and there through the sand. It can grow more than a metre of stem under the sand in a year and in this manner it strengthens and supports the whole dune. Marram grass was used with considerable success to prevent the erosion of the sand-dunes at Brittas Bay in Co Wicklow, on Inis Oírr, and at Rossbeigh, Co Kerry. The underground shoots also protect the plant from the ravages caused by the constant depositing of layers of sand on the surface of the dune. In the past, marram grass was frequently used to thatch houses.

The saltwort, like sea-holly and mayweed, grows as low down on the beach as the high water mark. It has its own way of dealing with the great quantities of salt carried in from the sea shore. It has lush juicy leaves which are capable of absorbing the salt. Sea-purslane, sea sandwort, curled dock and scurvygrass are other plants which you will find growing right down to the high water mark.

Fásann an biolar trá (common scurvygrass) agus an buachalán buí (common ragwort), nóiníní agus seamair (clover) ar chúl na ndumhcha. I rith an tsamhraidh, bíonn boilb na leamhan flanndearg (cinnabar moths) le fáil ar na buachaláin ina mílte. Bíonn stríocaí* buí agus dubha orthu. Maireann siad ar phlandaí agus itheann siad na duilleoga ar fad.

Is breá leis na coiníní na dumhcha agus is minic a bhíonn coinicéir le feiceáil iontu. Coinicéar is ea an áit a mhaireann a lán coiníní le chéile. Fadó chuireadh daoine súile* ribe agus gaistí* ar na poill chun breith ar na coiníní. De ghnáth déantar iad a lámhach* anois. Tugann an sionnach agus an easóg cuairt ar na dumhcha go minic nuair a bhíonn ocras orthu. Is breá leo coinín a ithe. Má bhíonn abhainn ag rith trí na dumhcha, b'fhéidir go bhfeicfeá madra uisce (otter) inti.

The bright green tiger beetle, which you see here, is a fast hunter which preys on other insects. It usually lives at the back of the dunes. Spiders and lizards are other inhabitants of dune areas. Very occasionally on a sandy beach you may see a baby seal. This is the young of the common seal and the mother has given birth on the beach. Immediately after the birth she swims away to an island or sandbank where she feels safe. The pup soon follows but if it is disturbed it may refuse to move and could starve to death. Seals are now hunted less frequently in Ireland than they were in the past.

---

1 an lus Bhealtaine/scentless mayweed   2 cuileann trá/sea-holly
3 muiríneach/marram grass   4 lus an tsalainn/saltwort
5 biolar trá/common scurvygrass   6 gormán coiteann/common blue
7 argas donn/brown argus   8 coiníní/rabbits
9 ciaróg thíograch/tiger beetle

An lochán sáile 1
The rock pool 1

The retreating tides leave pools of water trapped among the coastal rocks. The middle or lower shore areas contain many interesting plants and animals.

Feicfidh tú go leor feamainne, an fheamainn bhoilgíneach (bladder wrack) agus an chaisíneach (channel wrack) mar shampla. Déanann an *Spirorbis* teach beag ciorclach* dó féin ar an bhfeamainn.

Feicfidh tú feamainn ghlas freisin. Feamainn gharbh ghlas is ea an glasán (sea-lettuce). Fásann sé sin faoin bhfeamainn dhonn go minic. Feicfidh tú feamainn ghlas eile, *Codium* a bhfuil mórán craobhacha air. Nuair a bhíonn an ghrian air feicfidh tú boilgíní beaga ocsaigine (oxygen) sna craobhacha.

Bíonn dath dearg ar an gcarraigín ach tréigeann* an dath nuair a thriomaíonn sé. Thíos ar an ngrinneall* a bhíonn sé. Saghas eile feamainne is ea an coiréalach (coralline). Sreang de chloichíní* bándearga a bhíonn ann, agus é cosúil le coiréal. Dath dearg atá ar an duileasc (dulse), agus bíonn sé níos deirge fós nuair a bhíonn sé tirim.

Is minic a fheicfidh tú sliogán bán cosúil le píosa de shreang a bheadh caite ar chlocha agus ar shliogáin fholmha. Péist eile is ea í seo, an *Pomstoceros*. Bíonn sí suas le 5 cm ar fad.

Many of the animals in the rock pool are filter feeders. When the tide is in, barnacles put out feathery-looking legs which fan the water for food particles and absorb oxygen at the same time. Sea-firs, or hydroids, look like little clumps of hair or fern growing on seaweed and rocks.

Ascidians begin life as tiny free-swimming tadpoles, with long tails. Later on they attach themselves to rocks, cement themselves down, lose their tails and stay in the same spot for the rest of their lives. They often live in flower-like colonies. Ascidians draw in water, filter it for food, and let it out again. Another name for ascidians is sea-squirts.

Sponges and mussels are also filter feeders. Sponges are peculiar animals. Many remain motionless throughout their lives, and feed by drawing in water through many minute pores, extracting the food and expelling the waste. Boring sponges, though tiny, are a pest on oyster beds. They attack the shells and they bore holes of various sizes through which they feed upon the oyster. The sponges found upon the Irish coasts are usually small and have no commercial value.

Má éiríonn leat bairneach (limpet) a bhaint den chloch feicfidh tú gur cineál seilide é. Nuair a bhíonn an taoide lán, tosaíonn na bairnigh ag bogadh timpeall ar thóir a gcuid bia. Filleann siad ar ais go dtí an paiste céanna i gcónaí. Aon áit a bhfuil clais* ar an gcarraig, bíonn iomaire* ar an mbairneach agus aon áit a mbíonn iomaire ar an gcarraig bíonn clais ar an gcuid sin den bhairneach atá greamaithe den charraig san áit sin. Ar charraigeacha boga, is minic a bhíonn claiseanna beaga déanta ag sliogáin na mbairneach dóibh féin. Ní théann an bairneach riamh níos mó ná méadar ó bhaile. Itheann sé plandaí beaga mara.

Is féidir bairnigh a ithe, ach ba bheag an meas a bhíodh ag na seandaoine orthu, toisc nach raibh iontu, dar leo, ach bia na ndaoine bochta. 'Seachain an tábhairne nó bairnigh is beatha duit' a deiridís.

---

1 *mioránach/serrated wrack*   2 Spirorbis   3 *giasán/sea-lettuce*   4 Codium   5 *coiréalach/coralline*   6 *duileasc/dulse*   7 *giúrainn/barnacles*   8 *ascaidí/ascidians*   9 Halichondria panicea   10 *diúilicíní/mussels*   11 *bairnigh/limpets*.

An lochán sáile 2
The rock pool 2

Cuma liathróide a bhíonn ar an gcuán mara (sea-urchin). Nuair a fheiceann tú sa lochán iad bíonn siad clúdaithe le deilgne* fada 3–5 cm. Greamaíonn na cuáin mhara na deilgne sin den charraig agus cabhraíonn siad leo a ngreim* a choimeád. Tá poill bheaga sna sliogáin agus tagann na cosa amach trí na poill sin. Tá na mílte cos orthu agus siúlann siad ar fud na carraige ag lorg bia. Cabhraíonn na cosa leo a ngreim a choimeád freisin. Faoi thíos atá a bhéal ar an gcuán mara agus tá cúig fhiacail láidre ann chun a chuid bia a ghearradh agus a chogaint. *Aristotle's Lantern* a thugtar ar bhéal an chuáin mhara. Is féidir na cuáin mhara a ithe. Taitníonn siad go mór le muintir na Mór-Roinne* ach is beag duine in Éirinn a itheann iad. Bailíonn cuid de na cuáin mhara feamainn, clocha beaga agus sliogáin timpeall orthu chun iad féin a cheilt*.

Nuair a fhaigheann tú sliogán folamh cuáin mhara ar an trá is minic a bhíonn na deilgne go léir bainte de ag an bhfarraige. Má lasann tú solas istigh sa sliogán folamh feicfidh tú na poill a dtagann na cosa amach tríothu.

Bia coitianta sa seansaol ab ea na faochain (periwinkles), ach is beag duine in Éirinn a itheann anois iad. Díoltar a lán faochan ón tír seo ar an margadh thar lear agus taitníonn siad go mór le daoine. Bíonn dathanna éagsúla ar na faochain: dubh, buí, dearg agus donn. Bíonn cuid eile acu ildaite. Bíonn dath liath de ghnáth ar na cinn a itear. Gheobhaidh tú ar fheamainn go minic iad mar is breá leo an áit thais. Feamainn agus léicin (lichens) is mó a itheann siad agus is breá leo freisin na diatóim (diatoms) bheaga a bhíonn ar fheamainn.

The dog whelk is a carnivorous snail which bores holes through the shells of its victims—periwinkles, barnacles, and mussels—with the aid of a tooth which acts as a file. The shells are generally white, but bands of different colours appear according to what the whelk eats. Mussels, for example, cause purplish bands. Dog whelk egg cases are like little yellow grains of corn and can be found in groups attached to the underside of rocks. Several eggs are laid in each case and after about four months the tiny young dog whelk crawls out of the case.

Cúig ghéag a bhíonn ar an gcrosóg mhara (starfish) agus má ghortaítear géag léi, fásann ceann slán ina háit. Iompaigh* an chrosóg mhara bun-oscionn agus í beo agus feicfidh tú go bhfuil na mílte cos beag bán uirthi.

Sea anemones are like little knobs of red jelly, and though they are animals, when they are open their waving arms make them look like flowers. If you put a shrimp or a little dead crab in the centre of the sea anemone the arms will close over it and drag it down into the anemone's mouth. The arms will not re-appear until the anemone is hungry again.

Many kinds of blenny can be found in rock pools. The shanny can be found in smaller pools and even in damp air under stones. It eats barnacles and small mussels, biting through the shells with its strong teeth. The male guards the eggs which the female has laid in a rocky cleft or under a boulder.

Bíonn na portáin agus na séaclaí (shrimps) le fáil sna locháin freisin. Sliogán bog atá ar an bhfaocha ghliomaigh (hermit crab). Téann sé a chónaí i sliogán folamh faochan. De réir mar a fhásann sé bíonn air sliogáin níos mó a aimsiú dó féin.

---

1 *faochain leathana/flat periwinkles* 2 *faocha ghliomaigh/hermit crab* 3 Actinia equina 4 Tealia felina 5 *ceannruán/shanny* 6 *cloicheán/prawn* 7 *crosóga mara—ceann ag oscailt diúilicín/starfish—one opening a mussel* 8 *cuán mara/sea-urchin.*

Éanlaith farraige 1
Sea birds 1

Faoileán beag timpeall 40 cm ar fad is ea an saidhbhéar (kittiwake). Tá ceann, bolg, agus eireaball bán air; droim agus sciatháin liatha, agus triantán* beag dubh ar bharr gach sciatháin. Iasc is fearr leis an saidhbhéar le hithe. Tumann sé isteach san uisce go tobann chun breith ar an iasc. Má bhíonn ocras air itheann sé planctón. Is breá leis an saidhbhéar an fuíoll éisc* a chaitheann na báid iascaireachta uathu.

Kittiwakes fly and float effortlessly, but they rarely walk. Perhaps this is why they have shorter legs than other gulls and why they have lost the hind toe which other birds use to balance when they walk. Their claws are longer and sharper than those of other seabirds.

Kittiwakes spend all their winters at sea. They feed on fish, sleep on the surface of the water, and normally avoid land entirely. See the spectacular nesting places kittiwakes choose. Why do their nests not fall off the ledges? Because the kittiwakes use a mixture of seaweed and lime to attach their nests to the rock. Onto this they press mud and small pieces of plants. They complete the nest with grass that they collect along the cliff top or on the strand. Here between late April and mid June two eggs are laid, and hatched by both parents for about twenty-five days. The cliff ledges are so narrow that fledglings never leave the nest until they fly away.

Neadaíonn* an saidhbhéar ar chóstaí uile na hÉireann. Bíonn a lán acu i gCiarraí, i Maigh Eo, i nDún na nGall, i mBaile Átha Cliath agus i bPort Láirge.

Éan farraige eile is ea an fhoracha (guillemot). Níl sí chomh coitianta inniu is a bhíodh sí. Nósanna an éin féin is cúis leis seo.

Ní dhéanann siad aon nead. Ar bhruach aille a bheireann siad a n-aon ubh amháin. Cé go bhfuil déanamh an phiorra ar an ubh is minic a thiteann sí le haill.

Both parents hatch the egg, and indeed brood the chick for a few days. The young guillemot begins to walk around on the cliff top when it is only five or six days old. The guillemot likes to eat sand eels and sprat but it also eats shellfish.

Its legs are powerful and skilful at sea, but on land they are clumsy and awkward. The poor guillemot waddles about using its wings to make its way around obstacles.

Úsáideann na forachain a sciatháin chun gluaiseacht faoin uisce, agus is féidir leo nóiméad iomlán a chaitheamh faoin uisce. Ní minic a bhíonn na forachain ar thalamh tirim, áfach. Éin fharraige is ea iad agus ní thagann siad i dtír* ach chun síolrú (to breed). Éin mhóra is ea iad. Tá ceann agus eireaball dubh orthu agus gob fada liath. Is deacair iad a fheiceáil nuair a sheasann siad ar strapaí* na haille mar tá na dathanna céanna ar an gcloch is atá orthu féin.

Sna háiteanna céanna a fhaightear na saidhbhéir agus na forachain. Feicfidh tú na mílte díobh ar Aillte an Mhothair agus timpeall ar Oileán Reachlainne ar chósta Aontroma.

---

1 *saidhbhéar/kittiwake*   2 *foracha/guillemot*.

Éanlaith farraige 2
Sea birds 2

Éan farraige chomh mór le gé is ea an gainéad (gannet). Iasc a itheann siad agus tumann siad chun breith orthu. Feiceann siad an t-iasc ón aer agus iad ag eitilt. Teilgeann* siad iad féin síos díreach isteach san uisce agus ardaíonn siad steall mór sáile* nuair a bhuaileann siad an t-uisce.

The gannet's wing-span is two metres across and they are highly specialised as high-divers. The body is torpedo-shaped with tapering head and bill. Their skulls are strengthened to withstand the shock of impact. They also have a system of air-sacs under the skin on their heads to soften the blow when they dive. Their nostrils are located inside their bills to prevent them filling up with water.

Caitheann an gainéad an-chuid ama ar an bhfarraige agus tagann sé i dtír* chun síolrú* ar aillte agus ar oileáin uaigneacha. Bíonn a lán neadacha in aice lena chéile acu. Is minic a bhíonn siad ag troid go fíochmhar ar son na n-áiteanna is fearr. Bíonn na neadacha ó throigh go dhá throigh ar airde, agus bíonn cuma an bholcáin (volcano) orthu. Is breá leis na gainéid a bheith ag goid ábhair óna chéile dá gcuid neadacha féin. Leanann sé sin ar aghaidh agus na héin fós ar gor (brooding).

Aon ubh amháin a bheireann siad, agus nuair a thagann an gearrcach* amach, fanann an t-athair nó an mháthair leis i gcónaí go dtí gur féidir leis é féin a chosaint. Bíonn sé timpeall trí mhí d'aois ag an am sin.

Trí choilíneacht (colonies) gainéad atá in Éirinn— ar Sceilg Mhichíl, amach ó chósta Chiarraí, ar na Sailtí, amach ó chósta Loch Garman, agus ar an Tarbh, amach ó chósta Chorcaí.

If you see a large black bird standing on a rock, buoy or breakwater holding out its wings, this is a cormorant drying its wings. Cormorants do not have the oiled plumage common to water birds and therefore the water does not run off their feathers. Fishermen do not like the cormorants because they kill a great many fish. Attempts are frequently made to limit their numbers but great quantities of cormorants still inhabit our western, northern, and southern coasts.

Déanann na broighill (cormorants) a gcuid neadacha ar aillte agus ar oileáin bheaga de ghnáth, ach, sa tír seo bíonn neadacha le fáil sna crainn chomh maith. Feamainn, fraoch (heather) agus raithneach (ferns) a bhíonn sna neadacha, agus clúmh* ar an taobh istigh díobh. Beireann an broigheall cúig nó sé ubh. Nuair a thagann na gearrcaigh amach bíonn siad dall, nocht. Ní osclaíonn siad a súile go dtí go mbíonn siad cúig lá ar an saol, agus fásann clúmh dubh orthu agus iad an-óg. Cé gur féidir leo eitilt nuair a bhíonn siad thart ar seacht seachtaine, ní théann siad rófhada ón nead go dtí go mbíonn siad trí mhí d'aois.

Because they can fish underwater cormorants have been trained by men to fish for them. Rings which allow them to breathe but are too narrow to enable them to swallow are placed around their necks. The birds are then released and allowed to fish until they make a catch, whereupon their keeper removes the fish, and sets the poor cormorant fishing again. This used to be done in Europe long ago, and it is still practised in Japan and in China.

Islands and cliff ledges are the most popular nesting places for sea birds. These are lonely and exposed places where vegetation is very sparse. Look at the sea-pinks growing on the cliffs in the picture.

---

1 *gainéad/gannet* 2 *broigheall/cormorant* 3 *foracha/guillemot*
4 *rabháin/sea-pinks.*

Taoidí
Tides

Chreid na daoine fadó gur minic a tháinig athrú aimsire le casadh na taoide. Lá ar bith a mbeadh cuma na báistí air, is le barr taoide is dóichí* a thiocfadh an bháisteach. Nuair a bheadh an lá fliuch cheana féin, bheadh súil ag daoine go stopfadh an bháisteach nuair a thosódh an taoide ag líonadh.

Sa sean-am freisin, bhaineadh daoine an-úsáid as na rudaí éagsúla a thagadh isteach leis an taoide. Bhíodh na rudaí seo le fáil tar éis stoirme nó longbhriste* nuair a scuabtaí cuid den lasta* de dheic* na loinge. Raic* a thugadh na daoine ar na rudaí sin. Ina raic a tháinig an chéad tae go dtí an Blascaod Mór. Fuair na daoine na boscaí móra lán de dhuilleoga beaga ar an trá. Bhí na duilleoga tirim agus bhí dath donn orthu. Ní raibh a fhios acu cad iad féin agus chuir siad i bpota iad chun iad a bhruith. Chonaic siad an dath breá donn a chuir an tae ar an uisce, agus d'úsáid siad é chun dath a chur ar a gcuid éadaigh. Scag* siad na duilleoga agus thug siad mar bhia do na muca iad. Níor thuig siad go raibh botún déanta acu go dtí gur thosaigh tae ag teacht isteach sna siopaí.

Tides are caused chiefly by the pull exerted by the moon on the earth. This pull brings about tidal bulges in the oceans on the side of the earth nearest the moon and on the side farthest away from it. At its highest, the bulge is known as high tide along the shores.

The sun also exerts a pull but because it is so far away, its influence is much weaker. If you look carefully at (1) in the diagram you will see that the sun and moon are pulling in different directions which affects the tide. It neither comes in nor goes out very far. You can see the high tide level (2a) and the low tide level (2b) in the diagram.

At full moon and at new moon the sun and moon pull in the same direction. Look at (3) in the diagram. This causes unusually high or spring tides (4a). It also causes the receding tide to go out very far (4b).

As the earth rotates on its axis, the high tide line moves, and every ocean has two high and two low tides every 24 hours and 50 minutes. The highest tides of all occur during the equinox because the sun and moon are directly over the equator, where their effect is greatest.

Déanann tuile* agus trá* na taoide sruthanna* láidre. Sna calafoirt* ag Baile Átha Cliath, Corcaigh, agus Doire, glanann na sruthanna seo gaineamh, clocha beaga, agus bruscar as an mbealach agus fágann siad uisce glan domhain do na longa. Ach in áiteanna eile déanann na sruthanna céanna bainc ghainimh (sandbanks) cosúil leis an mBulla Thuaidh, Baile Átha Cliath.

If you look at the diagram, you will see that the region between extreme high water mark and extreme low water mark can be divided into three parts according to the amount of time each section spends under water. As you can see, the upper shore is under water only at spring tides. This makes it difficult for sea plants and animals to live there, so few species inhabit the upper shore.

The lower shore is uncovered only at extremely low water, so you will rarely see it. The middle shore is under water twice a day and this is where you find the greatest variety of plants and animals.

Where the shore is rocky, the ebbing tides leave pools of salt water here and there among the rocks. These pools contain a large selection of plants and animals. You can see some of these illustrated on pages 11 and 13.

Iasc
Fish

Bíonn gainní (scales) ar an iasc de ghnáth. An méid céanna gainní a bhíonn air i rith a shaoil ar fad. Fásann na gainní faoi mar a fhásann an t-iasc. Bíonn iomairí (ridges) agus claiseanna (furrows) orthu mar a bhíonn ar chrann, agus is féidir aois an éisc a dhéanamh amach ó na gainní. Féach ar an gciorcal ar dheis sa léaráid. Téann gach aon ghainne i méid de réir mar a fhásann an t-iasc féin.

On the outside of the scales there is a coating of slime which protects them and prevents attacks by bacteria. It is this slime which makes the fish slippery and hard to hold. The turbot is an unusual fish in that it has no scales. Instead its upper side is covered with hard bony protrusions called tubercles.

Fish breathe oxygen like other living creatures, but they have no lungs. They use their gills to extract from the water the oxygen which they require. When they are resting, they gulp water slowly in through their mouths and out through their gills. But when they are swimming fast, or when they become excited, they gulp faster and faster—just as we do!

Eití (fins) a úsáideann a lán de na héisc agus iad ag snámh. Bíonn an chuma ar an roc (ray) go bhfuil sé ag eitilt, mar gluaiseann na heití síos suas tríd an uisce ar nós sciathán.

Long, eel-like fish glide through the water by wriggling their bodies like snakes. Their movements resemble the letter S repeated over and over again.

Did you know that fish use jet-propulsion? They force water out strongly through their gills, and this gives them a fast start. This feature is characteristic of many flatfish. They lie quietly on the ocean floor. Suddenly, they sense danger. They expel a gush of water through their gills and escape through the cloud of sand which this gush of water has caused.

Flatfish resemble other kinds of fish at birth, with an eye on each side of their heads. Within a few days, however, the little fish begins to lean to one side. The eye on the underside begins to move gradually up, and within a few weeks the flatfish is lying completely on its side, and the underside eye has moved around to the top, beside the other eye.

An raibh a fhios agat go ndéanann éisc áirithe neadacha? An garmachán (stickleback), mar shampla, déanann sé nead, ar nós nead éin, as cipíní agus rudaí beaga eile. Beirtear uibheacha an éisc seo sa nead ansin.

Bíonn a lán lán ubh ag an ronnach (mackerel) agus ag an trosc (cod). Uaireanta beireann an trosc cúpla milliún ubh in aon séasúr amháin. Is minic a itheann éisc eile na troisc óga mar ní thugann an t-athair ná an mháthair aon aire don iasc óg.

Uibheacha móra a bheireann an sciata (skate). Bíonn an cás folamh le feiceáil go minic ar an trá agus bíonn cuid acu breis is 15 cm ar fad.

The skate's egg case is popularly known as the mermaid's purse. You can see one of these in the illustration on page 7.

---

mar a análaíonn an t-iasc, mar a fhásann sé, agus mar a shnámhann sé/ how fish breathe, how they grow, and how they swim.

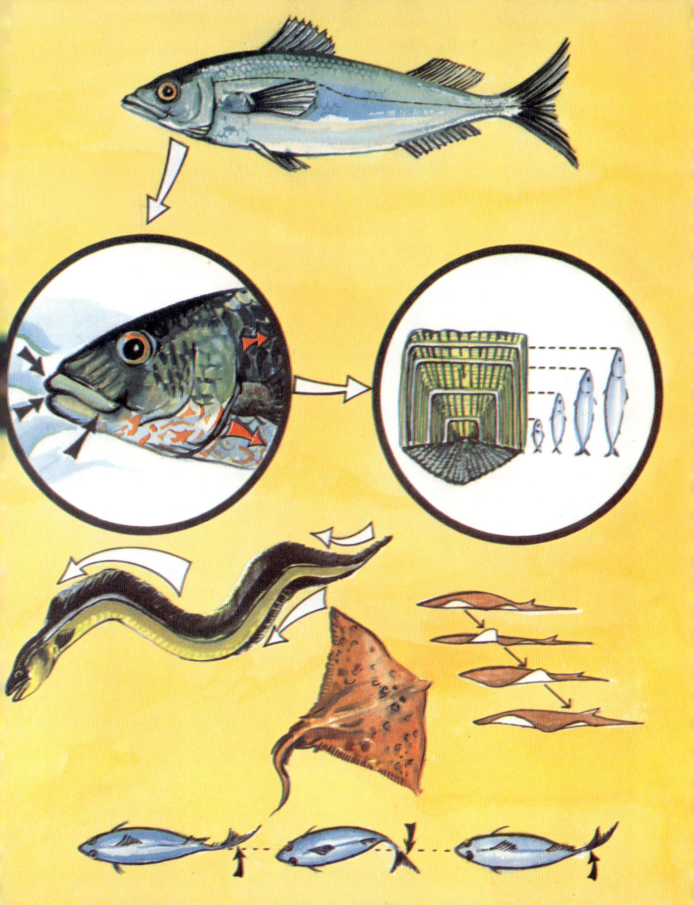

Iascaireacht
Fishing

As long ago as the Stone Age fishing-lines were used with hooks made from stone and animal bones. The fishing-line is used to-day by both shore fishermen and fishing boats. The longer fishing-lines may be up to 150 fathoms in length (1 fathom = 1.88 metres). These are usually cast from boats and are called spillers. As in the green illustration on the top of the page a number of these may be tied to each other to make a much longer fishing line. Shorter lines can be hung from the long line and hooks are attached to each one. Depending on the kind of fish being caught the hooks may be placed at any of three depths. They are positioned just under the water surface, or mid-way between the surface and the seabed, or even deep down near the seabed itself. Bait must be placed on each hook and mackerel is most often used for this purpose. Cod, halibut, eel, ling and skate are fished with the spiller.

Fishing with the spiller is slow and arduous work and because of this, nets are normally used for industrial fishing. The nets are made from hemp or nylon. As you can see in the yellow illustration, there is a head rope along the upper edge of the net. This head rope has floats of cork or foam plastic, or hollow spheres of metal or plastic. The foot rope carries weights of lead or stone. Net lengths are measured in fathoms. Mesh sizes vary according to the fish for which the net is intended. Long ago people used to make their own nets. When they tore they mended them with special netting-needles and some hemp.

Tá sruthlíon (drift-net) le feiceáil sa tríú léaráid. Tá sé mar a bheadh cuirtín san uisce agus baineann na hiascairí úsáid as chun breith ar an scadán (herring), ar an ronnach (mackerel) agus ar an mbradán (salmon). Scaoileann an bád amach cúpla líon ceangailte le chéile agus ligtear dóibh imeacht le sruth* na farraige.

The pink illustration shows trammel nets. These are made of three drift nets, a large-meshed outer net on each side of a fine-meshed inner one. The fish draws the fine net through the larger one and becomes trapped in the resulting pocket. Wrasse was frequently fished in this manner in olden times but it is no longer an economically important fish. Pollock may also be caught in trammel nets.

The trawl net, as shown in the blue drawing is a funnel-shaped bag, the mouth of which is kept open by vertical boards. Trawls may be used on the seabed but are not suitable in rocky areas. Haddock, ray, cod, skate and flatfish are caught in trawls. Mid-water trawls are used for herring and other shoaling fish. Winches are used to haul the full trawl aboard.

Má iompaíonn* tú an leathanach feicfidh tú sa léaráid gur féidir le dhá thrálaer dul i bpáirt ar an trál má thógann siad taobh den líon an ceann.

Líon de shaghas eile is ea an tsaighean (seine-net). Bhíodh sí an-choitianta fadó agus úsáideann iascairí an lae inniu freisin í. Tá sí ar fheabhas chun breith ar an ronnach agus ar an scadán. Scaoiltear an líon timpeall ar an iasc. Bíonn téad ar bhun an lín. Nuair a tharraingíonn an t-iascaire an téad bailíonn sé isteach an líon agus déantar póca de. Is mar seo a bheireann sé ar an iasc ar fad atá istigh sa líon.

---

1 *spiléir/spillers* 2 *gar-amharc ar chuid den spiléar/detail of spiller* 3 *sruthlíon/drift-net* 4 *traimil/trammel* 5 *trál/trawl-net* 6 *saighean/seine-net* 7 *saighean á tarraingt isteach/seine-net being drawn in.*

Iasc peiligeach
Pelagic fish

Iascaire is ea Seán Ó Cinnéide. Sa Dún Mór atá sé ina chónaí agus tá trálaer* breá nua aige leis na fearais* iascaireachta is fearr atá le fáil. Sa sean-am bhíodh na hiascairí ag brath* ar sheanchas agus ar a gclisteacht* féin chun teacht ar an iasc. Cuireann na scadáin*, mar shampla, dath corcra* ar uachtar an uisce. Nuair a d'fheiceadh na hiascairí na paistí corcra seo ar an uisce, bhíodh a fhios acu go raibh na scadáin ag ráthaíocht*. Áit a bhfeicidís ealtaí* móra de na héin farraige bhíodh a fhios acu go raibh siad ar thóir* éisc agus gur mhaith an áit iascaireachta an áit a raibh siad.

Seán Ó Cinnéide is much better equipped than the fisherman of the past. His trawler is fitted with many instruments. The navigator enables him to determine his position accurately and instantly. The echo sounder records directly from the sea bed. The sonar scans the area about the vessel and indicates the presence of shoals. The net sounder informs him of fish activity in the immediate vicinity of his net. His radar enables him to locate obstacles in his path and through his radio-telephone he can maintain constant contact both with the shore and with neighbouring boats.

Is é an fómhar an séasúr is fearr a thaitníonn le Seán, mar is ansin a bhíonn na scadáin timpeall ar chósta theas* na hÉireann. Snámhann an scadán in aice le barr an uisce. Iasc uachtair is ea é. Itheann sé planctón i rith an lae mar ní féidir leis an bia seo a fheiceáil san oíche. I rith an gheimhridh is beag a itheann sé agus is beag a fhásann sé.

During the spawning season the herring draw very close to the shore. They spawn at various times from September to February. A single female produces from 20,000 to 50,000 eggs.

Nuair a aimsíonn* criú Sheáin Uí Chinnéide na scadáin, cuireann siad líonta amach chun breith orthu. Seo iad na líonta céanna a d'úsáid siad níos luaithe sa bhliain chun breith ar iasc uachtair eile, an ronnach*. Is álainn an t-iasc é an ronnach. Is deacair é a fheiceáil san uisce leis an dath glas agus dúghorm* atá ar a dhroim. Caitheann sé an geimhreadh thíos ar ghrinneall* na farraige. Cosúil leis an scadán is beag a itheann sé ag an am seo den bhliain. Tagann sé aníos arís go huachtar na farraige san earrach agus itheann sé planctón agus éisc bheaga.

Nuair a shroicheann trálaer Sheáin Uí Chinnéide an caladh*, cuirtear an t-iasc ar ceant* chun é a dhíol, cuirtear i mboscaí le leac oighir é agus cuirtear chun siúil é chomh tapa agus is féidir. Nuair a dhíoltar iasc úr in Éirinn bíonn sé úr, ach i dtíortha eile is minic a bhíonn sé coicís nó trí seachtaine as an uisce.

Herring and mackerel are processed in various ways. Smoked herrings are called kippers and they are very popular. Mackerel may also be smoked. The traditional treatment for these fish was salting. Most houses in fishing areas had a couple of barrels of salt fish laid down for the winter.

Quick freezing is essential for fish preservation. It is almost impossible to tell the difference between fresh and frozen fish.

Fish meal is made from fish waste and is used in animal feeding compounds and in fertilisers. It is a very reliable source of income for the fisherman, since he is guaranteed a market for his total catch.

---

1 *dhá thrálaer agus trál*/two trawlers and trawl
2 *scadán*/herring 3 *ronnach*/mackerel.

Iasc grinnill 1
Demersal fish 1

Demersal fish are those which are found living on or near the seabed. All flatfish—plaice, sole, turbot, ray, skate, monkfish, as well as cod and haddock, are demersal. Shellfish, although not classified with the free-swimming fish, also live on the seabed.

The bulk of our plaice and sole are caught in the Irish Sea. Trawls and seine nets are used for this purpose. They can also be caught with rod and line using lug-worms, hermit crabs or even cockles as bait. Plaice is mainly marketed when fresh and it is packed in ice but some of the catch is filleted or even smoked.

Iasc grinnill* is ea an leathóg bhallach (plaice) ar nós na leathóg go léir. Nuair a bhíonn an leathóg ag fás sleamhnaíonn ceann dá súile trasna a coirp* i dtreo na súile eile sa tslí is go mbíonn taobh amháin den iasc dall. In ansin a thosaíonn sí ag snámh ar a cliathán* agus an taobh dall fúithi. Sin é an fáth a bhfuil cuma chomh haisteach* sin ar bhéal na leathóige. Iasc álainn is ea an leathóg bhallach agus is breá le daoine í a ithe. An taobh a bhfuil na súile air, bíonn sé donn agus baill* dhearga air.

Plaice spawn in winter and the eggs are hatched within three weeks. In the beginning they feed on small worms and prawns, but after two months they can eat the same food as a grown plaice. This consists of sandhoppers and bivalves—fish which have two shells such as mussels.

Nuair a bhíonn an leathóg bhallach dhá mhí d'aois bíonn sí idir 7 agus 12 cm ar fad. Téann siad síos san uisce domhain don gheimhreadh. Ar nós a lán éisc, ní mór a itheann siad agus ní mór a fhásann siad i rith an gheimhridh.

Sole is one of the most popular varieties of all the flatfish. Sole go hunting for food at night. All day they lie hidden in the sand. Trawls and seine-nets are used to catch them. According to the North Sea Convention, sole must not be landed if they are less than 24 cm long. Lemon sole is a stationary, bottom-living fish, so its growth depends on local conditions.

De ghnáth glantar an sól go tapa agus ansin cuirtear i mboscaí le leac oighir é. Díoltar ar an margadh láithreach é.

Is é an turbard an leathóg is fearr le mórán* daoine. Bíonn sé mór agus trom. Tá déanamh ciorclach* ar an turbard agus níl aon ghainní (scales) air.

The turbot is caught in trawls and seine-nets, but fishing rods can also be used. Eels as well as strips of mackerel and herring are suitable bait.

Ray and skate do not look very attractive in a picture, but in motion they are among the most graceful of fish. Their huge 'wings' move up and down as if in flight.

Did you know that these fish have no real bones? Their skeletons are composed of a softer material known as cartilage. Ray 'wings' are particularly popular in Ireland, and they are often available in our fish and chip shops. Look carefully at the ray in the picture and notice how different it is from the other fish.

---

1 roc/ray 2 leathóg/lemon sole 3 turbard/turbot
4 leathóg bhallach/plaice 5 leathóg bhán/white sole.

Iasc grinnill 2
Demersal fish 2

Cod, ling, haddock, whiting and flatfish are known as whitefish. Their flesh is whiter than that of the mackerel or herring (the oily fish) because they store their food reserves as oil in their livers. Cod-liver oil is extracted and used as a vitamin-rich medicine. The Scandinavian word for cod is *torsk* which is very similar to our own *trosc*.

Iasc coitianta is ea an trosc san fharraige timpeall na hÉireann. Bíonn sé i mbarr a mhaitheasa* ó Mheán Fómhair go Meitheamh. Uisce fuar a thaitníonn leis. Bíonn sé le fáil in uiscí cósta síos chomh domhain le 500–600 m. Fanann sé thíos ar ghrinneall* na farraige de ghnáth. Téann troisc mhóra i bhfad amach ón gcósta. Bíonn siad ag fiach na scadán* agus na ronnach* amuigh ansin. Nuair a bheirtear na huibheacha san earrach fanann na troisc óga cóngarach* d'uachtar na farraige, agus itheann siad planctón. Téann siad síos in aice an ghrinnill nuair a bhíonn siad thart ar chúig mhí d'aois. Itheann an trosc éisc eile chomh maith le plandaí.

Trawls, seine-nets and spillers are used to fish the cod. With sufficient bait, however, it may also be caught with hook and line. Lug-worms, mussels and purple shells are suitable bait for catching cod. It is marketed either whole or filleted or else frozen. Fish meal is made from the waste material. The roe of the cod can be bought fresh or salted and was considered a delicacy by fishermen's families in the olden days.

The ling has a long eel-like body. It is a relative of the cod, and is, in fact, the largest member of that family. The traditional Christmas Eve dinner in Ireland was boiled salted ling served with a white onion sauce and floury potatoes.

Thaitin an langa* triomaithe le muintir na hÉireann i gcónaí. Cuirtear an t-iasc ar salann, agus ansin, cuirtear amach faoin aer é chun é a thriomú. Déantar in Árainn fós é agus in áiteanna eile in iarthar na hÉireann. Bhíodh an obair seo ar siúl ina lán áiteanna fadó. Is minic a bhíodh iasc le feiceáil ag triomú faoin ngrian ar línte éadaigh sa samhradh. Chomh maith leis an langa a bhruith is féidir é a róstadh ar an spré* nuair a bhíonn sé úr. Gearrtar stráice* den iasc, cuirtear anuas ar an tine dhearg é go dtí go mbíonn sé déanta. Is féidir é a ithe mar sin. Bíonn sé beagáinín tirim, ach bíonn sé an-bhlasta.

Níl an faoitín (whiting) chomh mór leis na héisc eile seo. Glaoitear sicín na farraige air mar is furasta é a dhíleá (digest). Is minic a thugtar mar bhia do dhaoine breoite é. Tá sé an-choitianta ar chósta na hÉireann.

Iasc an-ard, an-tanaí is ea an deoraí (John Dory). Bíonn sé deacair a fheiceáil san uisce mar tá eití* fada air mar a bheadh ribíní. Iasc an-bhlasta is ea an deoraí.

Legends say that St Peter once drew a gold coin from the mouth of a John Dory, and that in memory of this, every John Dory carries the mark of the apostle's finger encircled in gold on each side.

The hake spends its nights on the seabed. It is fished by night. During the day it moves up to the surface and hunts for herring, sprat, anchovies and mackerel.

---

1 *faoitín/whiting* 2 *cadóg/haddock* 3 *langa/ling* 4 *trosc/cod.*

Iasc sliogáin 1
Shellfish 1

Bíonn cuid de na héisc ina gcónaí i sliogáin. Bíonn an sliogán faoi mar a bheadh teach acu. Iasc sliogáin a thugaimid ar iasc den sórt sin. Iasc sliogáin is ea an gliomach (lobster). Bíonn sé le fáil faoi uisce i measc na gcarraigeacha timpeall an chósta. Bíonn meas ag daoine ar an iasc seo agus bíonn praghas mór le fáil air. Dath dúghorm* a bhíonn air nuair a thagann sé as an uisce ar dtús, ach tagann dath dearg air nuair a bhruitear é. Ní foláir an gliomach a bhruith ina bheatha chun a bheith cinnte go bhfuil sé úr le hithe. Bíonn gliomaigh suas le 75 cm ar fad agus 4 kg meáchain iontu, ach de ghnáth bíonn siad timpeall 2 kg.

Ainmhí oíche is ea an gliomach. Itheann sé péisteanna, iasc marbh agus gliomaigh óga freisin. Beirtear ar na gliomaigh i bpotaí agus is féidir iasc úr nó iasc triomaithe a úsáid mar bhaoite. Is furasta don ghliomach dul isteach sa phota ach is deacair dó teacht amach arís.

In olden days the lobster-pots were made of sally-rods and the same pots were used to catch crabs and crawfish. Conger eels sometimes find their way into the lobster-pots. The pots may be set individually, each on its own rope, or a string of pots may be set on the one rope. Each pot is weighted so that it sinks to the seabed and a buoy like this red one is placed over it to mark its position. These buoys may sometimes be seen from the shore, especially if you are going along a cliff road.

Although lobster is in season all the year round, significant quantities are caught only from June to September. Fishermen believe that the lobster begins to move in from the deep waters in March.

The crawfish has no great claws like those of the lobster. It is reddish-brown in colour. Both fish have short antennae which enable them to find their food. They belong to the crustacean family, as do the crabs, prawns and shrimps. Crawfish, lobster and crab move about mainly by walking on the seabed, and are often seen by subaqua divers.

Fanann an gliomach i bhfolach i rith an lae. De ghnáth, ní shnámhann na héisc seo. Siúlann siad ar ghrinneall* na farraige. Mar sin, ní bhogann siad i bhfad ó bhaile. Tá gliomaigh ann nach n-imíonn thar 4 nó 5 km i gcaitheamh a saoil ar fad.

Tá meas ag teacht ar an bportán freisin mar bhia. I bpotaí a bheirtear orthu. Ní itheadh na sean-iascairí ach na hordóga*, ach úsáideann cócairí an lae inniu iasc an choirp* chomh maith.

Unlike lobsters and crawfish, prawns and shrimps swim rather than walk. The *Nephrops* which you see in the picture is commonly known as the Dublin Bay prawn. Irish prawns, mussels, oysters and scallops are very popular on continental markets, and visitors to Ireland are delighted to find restaurants serving prawn cocktails and other fish dishes of international repute. *Moules marinière* is a dish of mussels which are cooked in white wine and served in their shells—steaming hot and tasting delicious. To make crab cocktails a lettuce bed is placed on the bottom of the dish. Fresh crab meat is laid on this and then topped with a sharp tasty sauce. Many of our hotels and restaurants are gaining a worldwide reputation for their delicious cooking of our excellent stocks of shellfish.

---

1 *gliomach/lobster* 2 *piardóg/crawfish* 3 Nephrops.

Iasc sliogáin 2
Shellfish 2

Lá mór trá ba ea Aoine an Chéasta in Éirinn fadó. Timpeall ar an lá sin a bhíonn rabharta* mór an Earraigh ann agus fágtar cuid mhór den trá nocht mar bíonn an lag trá* an-íseal.

Bhí an-mheas ag na daoine ar na diúilicíní (mussels) mar bhia agus mar leasachán*. Dath dúghorm* atá orthu. Bíonn siad greamaithe de na carraigeacha ar an trá. Bíonn siad le fáil ar a lán tránna in Éirinn.

Fadó d'úsáideadh feirmeoirí na diúilicíní mar leasachán ar phrátaí. Thugaidís ualach leo ón trá agus bhrisidís na sliogáin ina bpíosaí beaga le sluasaid. Ansin ligidís dóibh lobhadh*. Bhíodh boladh bréan* uathu. Nuair a bhídís lofa go maith chuiridís ar na prátaí iad mar leasachán. Feictear sliogáin na ndiúilicíní fós ar thalamh treafa.

Mussels can be transplanted and therefore large beds can be cultivated in suitable locations. This kind of mussel farming is carried on in Wexford and Waterford harbours, in Carlingford Lough, Cromane, and Kilmore Quay. Close to 4,000 tonnes were landed in 1976. Mussels are at their best from October until April.

Oysters prefer shallow water and the seabed must be free from sand. A peculiar thing about oysters is that throughout their lives they change sex according to the temperature of the surrounding water and the prevailing feeding conditions. The same oyster can sometimes be male and sometimes female.

Itheann na hoisrí planctón. Scagann* siad amach as an uisce é. Is féidir iad a ithe de ghnáth nuair a bhíonn siad trí nó ceithre bliana d'aois nó timpeall 5 cm ar fad. Is féidir oisrí a ithe amh* nó bruite, ach itear amh in Éirinn iad, de ghnáth.

Tá beirtreacha oisrí (oyster-beds) timpeall ar chósta na hÉireann. Tá roinnt mhaith díobh anois nach ndéantar aon iascaireacht orthu. Tiarnaí talún* a leag síos na beirtreacha. Nuair a d'imigh na tiarnaí talún níor bhac daoine eile leis na hoisrí ar feadh i bhfad. Tá beirtreach mar sin i gCuan an Daingin, i gCiarraí, agus ba le Tiarna Fionntrá é fadó. Tá ceann mór i Ros Muc, Co na Gaillimhe freisin.

Bíonn na ruacain (cockles) in uachtar an ghainimh agus ar nós an oisre, scagann sé planctón as uisce na farraige. Bíonn na sceana mara (razor shells) i bhfad síos sa ghaineamh agus tagann siad aníos ar uachtar chun a gcuid bia a fháil.

Snámhann na muiríní (scallops) san uisce. Nuair a bhíonn siad faoi uisce osclaíonn na sliogáin ó chéile beagán, agus is féidir a gcuid súl beag a fheiceáil ar imeall* an tsliogáin.

Did you know that smells travel under water? This is how the scallop can protect itself from the starfish. It smells the starfish approaching and immediately seals fast its two shells. This releases a jet of water which propels its body forward, and so it escapes from the starfish. Cockles are a very tasty fish. When cooked, they resemble eggs, each with its yolk and albumen.

Shellfish is becoming a very profitable industry. Irish waters contain large quantities and varieties of shellfish which are a valuable export.

---

1 *diúilicíní*/mussels   2 *oisrí*/oysters   3 *ruacain*/cockles   4 *muiríní*/scallops.

Obair na farraige
The work of the sea

I Ros Beithe i gCo Chiarraí a bhí Tomás Ó Ceallaigh ar a laethanta saoire anuraidh. Gach lá breá bhíodh sé ag súgradh ar na dumhcha gainimh a fheiceann tú ag síneadh* amach san fharraige. Thug sé pictiúr ar ais ar scoil, agus dúirt an múinteoir gur banc gainimh (sandbank) a bhí sna dumhcha, banc fada caol gainimh ag síneadh amach san fharraige.

'Cad as ar tháinig an gaineamh?' arsa Tomás. Mhínigh an múinteoir dóibh go bhfuil an-chumhacht* ag an bhfarraige. Nuair a bhriseann tonnta i gcoinne an chósta cuireann siad brú* suas le 30 tona an méadar cearnach air. Bristear ruainní* beaga agus uaireanta carraigeacha móra de na haillte. Bíonn na píosaí beaga cloiche seo ag cuimilt i gcoinne a chéile i gcónaí, agus le himeacht aimsire déantar gaineamh díobh.

The sand and other eroded material drifts along the coast and is deposited in various places, particularly on beaches. Long narrow banks of sand dunes stretching out into the water are called spits and they are frequently found at the mouths of harbours and in places where the coast changes direction sharply. The large spits at the entrance to Wexford Harbour were formed in this manner. Did you know that Howth was once an island? The sea deposited large quantities of sand between it and the mainland, until eventually a sort of causeway known as a tombolo was formed. Sandbars are usually found at the mouths of harbours and they can cause problems for shipping as they often extend right across the opening, hampering the movement of vessels.

Did you know that the Bull Wall in Dublin Bay is less than two hundred years old? It was formed by the continual tidal deposition of sand and shingle, until it eventually rose over sea level to form the island we know today.

Ní hé an gaineamh an t-aon toradh* atá ar obair na farraige áfach. Déantar uaimheanna uaireanta nuair a bhíonn na tonnta ag briseadh i gcónaí in aghaidh na gcarraigeacha. An bhfaca tú poll séideáin (blowhole) riamh i ndíon uaimhe? Bíonn na tonnta ag brú an aeir go léir a bhíonn san uaimh go láidir i gcoinne an dín. Ar deireadh déantar poll tríd.

In áiteanna ar an gcósta bíonn cuid de na sraitheanna* carraige níos boige ná na carraigeacha atá timpeall orthu. Is iad na carraigeacha boga sin a ídítear (wear away) ar dtús. Sin ceann de na slite ina gcreimtear (erode) cuanta. Feicfidh tú áirsí (arches) agus staiceanna (seastacks) ar chinn* tíre uaireanta, áit a bhfuil an charraig bhog ídithe ag an taoide. Áirse a bhíonn ann ar dtús, agus nuair a thiteann sé sin, fágtar an staic, mar a tharla ag Dún Briste i gCo Mhaigh Eo. Tá áirse mara i gCuan an Daingin i gCo Chiarraí. Creimeann an fharraige an talamh réidh agus na haillte boga cré, agus i gceantair mar seo is minic a tharlaíonn maidhmeanna talún (landslides). Titeann talamh, agus uaireanta bóithre agus tithe, i bhfarraige. Tógtar gradhna (groynes) in áiteanna chun an talamh a chosaint*. Balla a théann amach ingearach (perpendicular) leis an gcósta is ea gradhan. Bailíonn siad gaineamh agus clocha beaga in aice leo agus mar sin ní chreimtear an talamh chomh tapa sin. Tógtar ballaí de chloch nó de choincréit in áiteanna eile, nó déantar carraigeacha móra a charnadh* ar an trá chun an talamh a chosaint.

---

1 *mar a dhéantar staic* (i) *pluais mhara* (ii) *áirse* (iii) *staic/ formation of a stack* (i) *sea-cave* (ii) *arch* (iii) *stack*
2 *mar a dhéantar tambaló/formation of a tombolo*   3 *gradhna/groynes*
4 *barra gainimh agus murlach/sandbar and lagoon*   5 *goba/spits.*

Tithe solais
Lighthouses

Lighthouses are an aid to navigation. They are usually located on headlands and on islands round our coasts. Lightships mark dangerous rocks or shallow banks.

A lighthouse is identified by means of its flash. This flash is produced by a system of prisms and lenses surrounding a light source which is itself constant. The lenses and prisms revolve around the light, and each time a focal level of the lens comes level with the observer's eye, the semblance of a flash is produced.

When it was realised that the intensity of the light source was more important than its size, the early coal and wood beacons were replaced by the 'lantern' type of light. This consisted of a glass-walled room within which candles, oil lamps, gas and electric lights were successively used as light sources. Electricity is now the usual source of illumination. Some of these illuminated buoys are now powered completely by tidal energy and this is proving very effective.

Bhí teach solais ar Rinn Duáin i gCo Loch Garman chomh fada siar leis an gcúigiú haois. Is ansin a tháinig Naomh Duán anall ón mBreatain Bheag. Bhí na farraigí timpeall Rinn Duáin chomh contúirteach sin gur las sé tine rabhaidh*. Chun an tine a choimeád ar lasadh chuir sé gual, adhmad agus tarra* i gciseán iarainn. Chuir sé an ciseán in airde ar chrann ansin. Choinnigh na manaigh* an solas seo ar lasadh go dtí gur thóg Réamann le Gros túr cloiche ann timpeall na bliana 1170. Is é an túr céanna atá fós ann mar theach solais, cé go bhfuil sé breis is 700 bliain d'aois anois.

Sa bhliain 1800, bhí ocht dteach solais ar chósta na hÉireann. Anois, idir thithe solais agus longa solais, tá breis is tríocha díobh ann.

Is minic a bhíonn déanamh sorcóireach* ar na tithe solais, agus éiríonn siad cruinn* díreach ón talamh. Tithe beaga ísle is ea cuid eile acu, mar atá ar an Tiaracht agus ar Sceilg Mhichíl, amach ó chósta Chiarraí. Bhíodh seomraí cónaithe ag an bhfear faire sa teach solais. Sna tithe ísle bhíodh na seomraí seo in aice leis an solas féin.

The foundations of the South Wall, Dublin, were laid by baskets (ciseanna) woven from sally rods, which were then filled with stones. It was from such baskets that the Kish Bank and the Kish Lighthouse were named. The Kish Lighthouse is modern in design and the building was constructed in Dún Laoghaire. The telescopic lighthouse was built inside a huge drum. An enormous outer drum of concrete surrounded this in turn. At the same time a suitable platform was prepared to receive it on the Kish seabed. The finished structure, weighing 7,000 tonnes, was towed to the Kish Bank and placed in position. The lighthouse was then telescoped to its full height and has been functioning since 1965.

Lighthouses are serviced by lighthouse tenders and where necessary by helicopters. Provisions are landed, and buoys and beacons are serviced, mainly by the tenders.

Bíonn na tithe solais in áiteanna uaigneacha de ghnáth. Is breá leis na héin farraige neadacha a dhéanamh ar na hoileáin agus ar na cinn* tíre ar a mbíonn na tithe solais. Taitníonn na háiteanna seo go mór le héin a chaitheann a saol ar an bhfarraige.

Teach solais Charraig Aonair agus fear á ísliú isteach sa bhád/ Fastnet Lighthouse and a man being lowered into boat.

Biashlabhra
A food chain

Planda farraige is ea an fheamainn. Tá plandaí eile san fharraige freisin gan amhras. Tá an fharraige lán de phlandaí, ach tá cuid acu seo an-bheag ar fad. Chaithfeadh micreascóp a bheith agat chun iad a fheiceáil. Fíteaplanctón a thugtar ar na plandaí beaga seo. Tosaíonn biashlabhra (food chain) na farraige leo. Seo mar a oibríonn sé.

All living things need food. Plants contain a green substance known as chlorophyll, and this, with the help of sunlight enables them to manufacture their own food from the minerals and carbon dioxide they absorb from the surrounding water. They are able to produce their own protein, sugar and oil. Because animals are unable to manufacture their own food, they must eat plants and smaller animals. Copepods, pteropods and the eggs and larva of fish and crustaceans are known in general as zooplankton. Zooplankton feed on the tiny plants which we call phytoplankton.

Many adult fish such as herring, sprat and mackerel feed on plankton as do animals which live on the shallow sea floor, such as cockles, scallops and mussels.

Even dead plants and animals form part of the food chain. Most dead marine life eventually sinks to the bottom, where part of it is consumed by worms, crabs, lobsters, prawns and shrimps. Any dead matter which is not eaten in this manner decays on the seabed. This dead matter releases into the water the minerals contained in its body, allowing them to be absorbed by other plants, and so to enter the food chain all over again.

Is féidir leat breathnú ar an mbiashlabhra mar phirimid. Mar bhonn leis an bpirimid, tá na plandaí beaga sin, fíteaplanctón. Itheann an zóplanctón é sin. Tá i bhfad níos mó den fhíteaplanctón san fharraige ná mar atá den zóplanctón. Is lú fós an méid éisc atá ann agus itheann cuid de na héisc, an scadán* agus an ronnach* mar shampla, an planctón seo. Itheann an duine an scadán, agus mar sin deirtear go bhfuil an duine ag barr an bhiashlabhra seo.

Pollution can alter the natural functioning of the food chain. Large quantities of poisonous industrial waste deliberately dumped in the sea, or accidental damage such as that caused by major oil spills can cause serious damage to life in the affected area. Though the pollutant itself may not necessarily kill off the larger fish, it can cause serious damage to the phytoplankton upon which larger animals depend for their food. This causes a famine which results, in the very least, in a temporary migration of fish from the affected area. Pollution is particularly undesirable in the vicinity of shellfish beds, as these fish are unable to flee from the danger, and entire beds can be wiped out.

Is féidir leis an duine cur isteach go mór ar an mbiashlabhra freisin, má dhéanann sé an iomarca iascaireachta ar aon chineál éisc. Caithfimid a bheith chomh cúramach céanna le gach aon iasc, is cuma an ithimid é nó nach n-ithimid. Má mharaímid an iomarca salán (sprats) mar shampla, agus má éiríonn siad gann*, ní bheidh fáil againn ach oiread ar na héisc a itheann an salán, mar beidh siad imithe áit éigin eile ag lorg bia. Sin é an fáth a gcaithfidh an Bord Iascaigh Mhara a bheith cúramach i gcónaí faoin stoc éisc atá san fharraige. Tá stoc éisc an-luachmhar* san fharraige timpeall na hÉireann. Bíonn longa speisialta ag an gcabhlach (navy) chun féachaint chuige nach mbíonn báid iascaigh ó thíortha eile ag iascach róchóngarach* don chósta.

---

1 *fíteaplanctón/phytoplankton*   2 *zóplanctón/zooplankton*
3 *éisc bheaga/small fish*   4 *éisc níos mó/bigger fish*
5 *ábhar ag lobhadh/material rotting*   a *fíteaplanctón/phytoplankton*
b *zóplanctón/zooplankton*   c *iasc/fish*   d *an duine/man.*

Truailliú an aeir
Air pollution

Chuaigh Máire, Peadar agus a dtuismitheoirí* ag siúl suas go dtí an Hellfire Club Dé hAoine, mar bhí lá saoire ag Mamaí agus ag Daidí. Bhí radharc álainn acu ar an dúiche* timpeall. Chonaic siad uathu an stáisiún ginte (power-station) i Móin Alúine. Ar íor* na spéire ar fad bhí stáisiún ginte eile le feiceáil, an ceann atá i bhFéar Bán i gCo Uíbh Fhailí. Chonaic siad an fharraige ghorm i bhfad uathu. Ach bhí ceobhrán ar an gcathair féin agus is beag di a bhí le feiceáil acu.

'Cén fáth a bhfuil an ceo sin ar an gcathair?' arsa Máire. 'Sin truailliú (pollution)' arsa Mamaí. 'Deatach is mó atá ann agus salachar* eile a thagann ó shimléir agus ó mhonarchana agus mar sin.'

Nuair a chuaigh siad abhaile thug Mamaí an chiclipéid (encyclopaedia) do Mháire chun go bhfaigheadh sí breis eolais ar thruailliú.

Máire found that many things cause pollution: factory smoke—particularly that emitted from low-level chimneys, car exhausts, dust levels, accidental discharges, ammonia, soot, carbon monoxide, sulphur dioxide and amazingly enough, aerosols. 'Aerosols?' asked Peadar. 'How is that?' 'It says here', said Máire, 'that most aerosols use a gas known as fluorocarbon to help them to spray. This gas comes out along with the hair spray or fly killer. It rises to the upper levels of the atmosphere and helps to break down the ozone layer which we need to protect us from the sun's radiation.'

Their father brought a booklet home from work on Monday evening. It explained the influence of pollution on lichens. Look at the lichens on the apple tree in the picture. This is called *Ramalina*. It grows only where the air is pure and unpolluted. We can tell that there is no sulphur dioxide in the air here because it would have killed these lichens. Sulphur dioxide comes from fertiliser factories and from the burning of oil and coal for central heating.

Ní fhásann na léicin chéanna ar na crainn istigh i lár na cathrach mar bíonn an t-aer truaillithe. Tá léicin áirithe ann ar nós *Lecanora conizaeoides* a fhásann go maith san aer truaillithe, áfach. Is féidir méid an truaillithe in áiteanna éagsúla a mheas ach breathnú ar na cineálacha léicean a fhásann ar na crainn.

'Cén díobháil é an truailliú?' arsa Peadar. Thug Daidí freagra air. 'Cuireann sé as do dhaoine a bhfuil galair chroí agus scamhóg orthu. Cuireann sé as do phlandaí agus d'ainmhithe freisin. Bíonn an truailliú chomh holc sin in áiteanna, go gcreimeann (erodes) sé na clocha féin. Cloisim go bhfuil sé sin ag tarlú leis na clocha snoite (carved stones) i ndoras Theampall Chiaráin i Ros Cré. Nuair a bhíonn na carranna ag dul thart truaillíonn siad an t-aer agus bíonn an bháisteach salach freisin.'
'Agus, ar ndóigh' arsa Mamaí 'cuireann an smúit agus an boladh a thagann ó na monarchana isteach go mór ar dhaoine.'

'An féidir an truailliú a sheachaint*?' arsa Peadar. 'Is féidir é a chur faoi smacht* ar aon chuma' arsa Mamaí. 'Sula dtagann an gás as an monarcha is féidir é a phróiseáil*. Ba cheart freisin a bheith cinnte go bhfuil na simléir ard go leor. Is féidir féachaint chuige go bhfuil an córas téimh lárnaigh (central heating system) ar obair i gceart. Agus is féidir an méid luaidhe (lead) atá i bpeitreal a laghdú* mar bíonn an truailliú uaidh sin go dona.'

---

1 *ceo sa chathair*/fog in the city   2 *an chathair á truailliú ag trácht, ag simléir agus ag aerasóil*/traffic, chimneys and aerosols causing pollution in the city   3 Ramalina *ag fás in áit gan truailliú*/Ramalina *growing in unpolluted areas*
4 Pleurococcus—*alga coitianta*/Pleurococcus—*a common alga*
5 Lecanora conizaeoides *ag fás áit a bhfuil truailliú*/Lecanora conizaeoides *growing in polluted environment*.

Aer
Air

Bhí gála gaoithe ann Dé Sathairn agus ní raibh na páistí in ann dul amach ag súgradh. 'Cad is gaoth ann, a Mhamaí?' arsa Ciara bheag. 'Aer ag gluaiseacht,' arsa Mamaí. 'Agus cad is aer ann, a Mhamaí?' arsa Peadar. Mhínigh Mamaí dó: 'Is é an t-aer an t-atmaisféar. Tá sé ina bhrat timpeall ar an domhan ar fad. Tar anseo agus taispeánfaidh mé duit cad é féin.' Fuair sí báisín uisce agus coinlín*. Chuir sí bun an choinlín faoi uisce. 'Séid tríd an gcoinlín, a Pheadair,' arsa Mamaí. Shéid Peadar. Chonaic sé boilgíní* ag éirí go barr an uisce. 'Sin boilgíní aeir' arsa Mamaí. 'Féach sa chiclipéid (encyclopaedia) anois agus inis dom cad deir sé ann.' D'oscail Peadar an leabhar. 'Nítrigin (nitrogen) is mó atá san aer,' a léigh sé. 'Ocsaigin ansin, agus beagáinín beag argóin (argon), dé-ocsaíd charbóin (carbon-dioxide) agus gáis eile.' 'Agus ná dearmad an dé-ocsaíd sulfair in aer truaillithe*' arsa Máire. 'Agus an ghal uisce' arsa Mamaí. Sin é a dhéanann an t-aer tais.' Bhí Peadar ag léamh leis.

'Air exerts pressure' he read. 'What does that mean Mammy?' She filled a glass with water. Then she put a piece of cardboard over the glass and turned it upside down. The water did not fall out immediately. 'The pressure of the air kept the water in,' said Mammy. 'Air has weight,' she went on. 'In fact if we had a very delicate scales we could weigh it. We could put your inflated football on the scales and weigh it. Then we could let the air out and weigh it again. The difference between the two weights would be the weight of the air. The barometer in the hall is there to measure the air pressure, because that tells us a lot about the kind of weather we will have. High pressure usually means fine weather, and low pressure usually means broken weather.' 'So is the pressure not always the same?' asked Máire. 'No,' said Mammy. 'Changes in air pressure are the main causes of the wind that Ciara was asking about. Air moves from regions of higher air pressure to regions of lower air pressure.' 'We did weather charts showing the direction of the wind every day last year,' said Máire, 'and when we checked them at the end of the year, we found that the prevailing wind came from the south-west.' 'That is right,' said Mammy. 'Winds are named after the direction from which they come. And in exposed windy places, trees and shrubs lean away from the wind. If you look at the blackthorn and hawthorn trees the next time you are out, you will see that the trunk is curved, with all the branches turned away from the wind. People have sayings about the various winds. You know how old Mr. Rogan calls the cold east wind 'a thin wind'.

'Sea' arsa Máire, 'agus bhí an rann seo againn ar scoil:

> An ghaoth aduaidh, bíonn sí crua
> Is cuireann sí fuacht ar dhaoine.
> An ghaoth aneas, bíonn sí tais
> Is cuireann sí rath ar shíolta.
> An ghaoth aniar, bíonn sí fial
> Is cuireann sí iasc i líonta
> An ghaoth anoir, bíonn sí tirim
> Is cuireann sí sioc istoíche.

'We use air in other ways,' said Mammy. 'I spray my perfume by using air pressure. Pickaxes and drills can also be powered by air. Sandblasting is a process which is frequently used for cleaning buildings and compressed air forces out the sand. Deep-sea divers use cylinders of compressed air to enable them to breathe freely under water.'

---

1 an domhan agus cisil an atmaisféir/earth and the layers of the atmosphere 2 conas brú an aerbhrait a thaispeáint/how to show atmospheric pressure 3 éifeacht na gaoithe/the power of the wind 4 aer á phumpáil/air being pumped 5 aer comhbhrúite á úsáid—druilire bóthair/compressed air in action—a road drill 6 tumadóir/diver 7 aer á shéideadh isteach i mbalún/air being blown into a baloon.

Timthriall na hocsaigine
The oxygen cycle

Bíonn gach rud beo ag análú. Faigheann siad a gcuid ocsaigine mar sin. Súnn ainmhithe áirithe, an phéist talún (earthworm) mar shampla, an ocsaigin isteach tríd an gcraiceann. Bíonn an duine ag análú trína bhéal agus trína shrón. Gluaiseann an t-aer tríd an bpíobán* anuas chuig na scamhóga*. Chun go leor ocsaigine a chur ar fáil don duine, caithfidh an t-aer a bheith glan ar fad, is gan an iomarca deannaigh a bheith ann, ná aon ghás ar nós dé-ocsaíd sulfair a dhéanfadh dochar don duine.

When air is drawn into the lungs, the red cells of the blood absorb the oxygen from it. The oxygen-laden red cells are carried throughout the body in the bloodstream. The oxygen is absorbed by tissues such as muscles and glands. In these tissues it combines with the food we have eaten in a process known as oxidation. Oxidation is what produces the heat and energy our bodies need. Normal body temperature is about 37°C. The blood, having delivered its oxygen, absorbs the waste product of the tissues, carbon dioxide, and returns to the lungs where the carbon dioxide is expelled through the windpipe and a new supply of oxygen is absorbed. Thus the breathing process continues. The breathing process is known as respiration.

You will have noticed that when we exercise our bodies, we breathe more rapidly. Because we use up more energy we need more oxygen. We will also, obviously, produce more carbon dioxide to be expelled. This carbon dioxide is called CO_2 as you can see in the diagram. Oxygen is written as O.

Fish, too, must have oxygen. As they live underwater, they cannot breathe as we do, so they get their oxygen from the air dissolved in water. Their gills are equipped to absorb oxygen from water and to expel carbon dioxide. You will notice that they take more water into their gills if they are excited or swimming fast. If the oxygen is removed from the water by pollution, the fish will die.

Man and animals therefore, inhale air and exhale carbon dioxide. A shortage of oxygen and an excess of carbon dioxide is avoided because nature maintains a balance known as the oxygen/carbon dioxide life cycle. The carbon dioxide exhaled by all animals is absorbed—together with water—by green plants to manufacture food. These green plants liberate oxygen so their procedure reverses that of the animal world. If you follow the arrows in the diagram carefully you will see how this happens.

If plant life did not return this oxygen to the air, animal life could not survive very long. The atmosphere normally contains 21% oxygen and 0.03% carbon dioxide. Scientists have estimated that if the amount of carbon dioxide were increased to 5%, man and all other animals would die. Roughly 80% of the air is nitrogen.

However, both plant and animal life help to maintain the precious oxygen/carbon dioxide life cycle upon which all life depends. What animals give up to the air through breathing, plants must have for photosynthesis. And what plants in turn liberate into the air through photosynthesis, man must have for respiration.

---

1 *an córas riosparáide/the respiratory system*
2 *timthriall na hocsaigine/the oxygen cycle.*

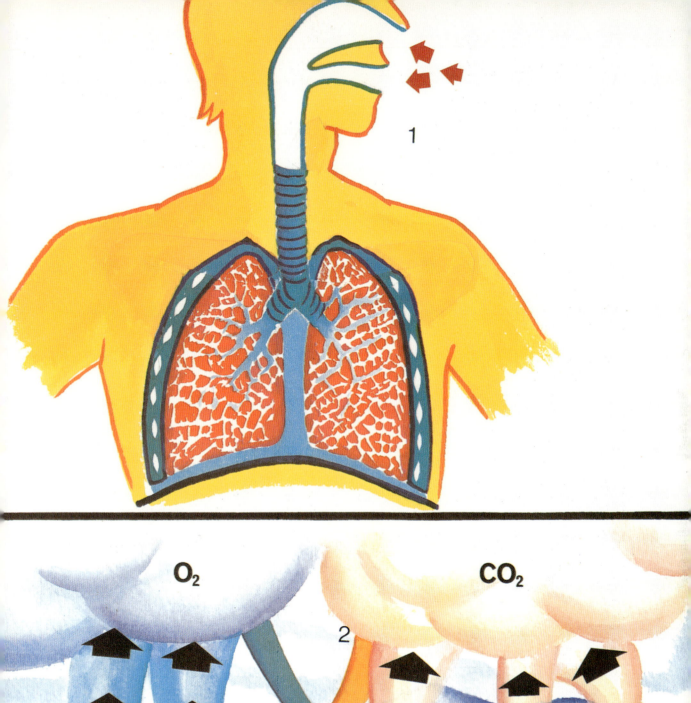

Cineálacha scamall
Cloud types

'Ní fhaca mé riamh scamaill cosúil leo sin cheana' arsa Peadar. 'Tá siad cosúil le gruaig fhada bhán cíortha trasna na spéire.' 'Sin ciorras' arsa Mamaí. Tagann sé sin ó fhocal Laidine agus ciallaíonn sé casta. Is iad na ciorrais na scamaill is airde a fheicimid. Bíonn siad os cionn 7,000 m in airde san aer. Tá cúpla cineál eile scamaill a bhíonn an-ard freisin, an ciorracumalas mar shampla. Bíonn siad sin cosúil le gainní éisc (fish scales). Sa seansaol deireadh na mairnéalaigh:

> Mackerel scales and mares' tails
> Make tall ships furl down their sails.

Comhartha gaoithe ba ea na scamaill sin dar leo. 'Tá an chuma orthu' arsa Peadar 'gur shéid gaoth láidir iad.'

'Is maith liomsa na caisleáin bhána' arsa Máire. 'Is minic a bhíonn siad ann sa samhradh.' 'Cumalas a thugtar orthu sin' arsa Mamaí. Ciallaíonn sé sin carntha*, agus bíonn na scamaill cosúil le cairn mhóra d'ollann chadáis ag scoladh san aer. Idir 500 m agus 7,000 m suas a fhaightear an cumalas. Stratas a thugtar ar an tríú scamall, toisc go mbíonn sé leata* ina bhrat* trasna na spéire. Ciallaíonn nimbeas scamall báistí, agus is é an nimbeastratas is mó a thugann báisteach dúinn. Tá cineál eile scamaill, an cumalainimbeas, nach bhfeictear ach le linn stoirme toirní. Is minic a bhíonn an scamall seo 10–15 km ó bhun go barr. Bíonn barr cosúil le hinneoin ceárta (blacksmith's anvil) air go minic. Ní maith leis na píolótaí eitleán cumalainimbeas, mar bíonn gaoth an-láidir agus aer an-suaite timpeall orthu de ghnáth.'

'Cén fáth a dtiteann an t-uisce anuas as na scamaill?' a d'fhiafraigh Peadar. 'Ceist mhaith' arsa Mamaí. 'Nuair a éiríonn na braonta uisce sna scamaill rómhór, ní leor brú an aeir chun iad a choimeád suas níos mó agus titeann siad go talamh. Níl a fhios go cruinn ag eolaithe* fós cad as a dtagann na braonta troma uisce seo sna scamaill. Ceapann siad go mb'fhéidir go mbailíonn grúpaí de na braonta beaga ceo le chéile chun braonta móra a dhéanamh a thiteann mar bháisteach.'

'Deirtear' arsa Daidí, 'go mbíonn a fhios ag daoine ar a mbíonn daitheacha (rheumatism) nuair a bhíonn an bháisteach ag teacht, mar bíonn na cnámha go dona acu. Deir daoine, chomh maith, gur olc an comhartha* aimsire é radharc róshoiléir a bheith agat ar áiteanna i bhfad ó bhaile.

In very cold weather, snow falls in place of rain. Snowflakes are formed when vapour freezes directly into ice crystals, without ever being in a liquid state. These crystals build up in size to form flat six-sided snowflakes. No two snowflakes are alike. One scientist spent over fifty years examining snowflakes and never found two alike.

'Sleet is frozen rain' said Peadar, who was back at his encyclopaedia, 'but hail is more complicated. Hailstones are made of layers of snow and ice. Some have been found with as many as twenty-five layers, and they can be as big as a *sliotar*.'

'This is not really connected with rain, Máire' he went on, 'but do you know the difference between weather and climate?' 'No' said Máire, 'what is it?' 'What we call weather is the result of the daily changes in temperature, rainfall and wind in a particular place,' said Peadar. 'Climate is a summary of the weather conditions experienced by a region over a long period of time.'

---

1 *ciorras/cirrus* 2 *ciorracumalas/cirrocumulus* 3 *cumalas/cumulus*
4 *cumalainimbeas/cumulonimbus* 5 *calóga sneachta/snowflakes*.

Ceo, sioc, agus drúcht
Fog, frost and dew

Mí na Samhna a bhí ann agus bhí Daidí déanach ag teacht abhaile. 'An ceo, is dócha, a chuir moill air' arsa Mamaí. 'Bíonn an trácht an-mhall nuair a bhíonn ceo ann'. 'Cad is ceo ann?' arsa Peadar. 'Saghas scamall ar an talamh,' arsa Mamaí. 'Tá a fhios agat go mbíonn cuid mhaith gal uisce san aer de ghnáth. Galú (evaporation) is cúis leis.

The sun's heat evaporates water from the sea, lakes and rivers. Some of it comes from damp soils, from plants and from the breath of people and animals.

'How does the steam leave the atmosphere?' asked Máire. 'In a couple of different ways. If air which contains vapour comes in contact with a surface colder than itself the vapour condenses and turns into water on the surface. You can see this happen if you pour very cold water from the fridge into a glass and allow it to stand for a while. Watch the water vapour in the air condense on the side of the glass. The dew on the grass is caused in the same way. The ground cools at night and causes the vapour in the air to condense. If the temperature of the ground falls below freezing point the condensed vapour forms frost instead of dew.' 'So frost is really frozen dew?' said Máire. 'Exactly', said Mammy.

'Now to get back to the fog' said Mammy, 'that is a kind of cloud resting on or near the ground. It is actually water droplets and not water vapour in the air. That is why you can see fog. Water vapour itself is invisible. Fog forms when the air is moist and the temperature near the ground falls below condensation point. The water vapour in the air condenses into millions and millions of water droplets that collect on the dust particles in the air. In very low temperatures, fog can be made of tiny ice crystals instead of water droplets.' 'Cities are a lot dustier than the countryside' said Máire. 'I wonder if that is why they have more frequent fogs?' 'It is certainly one of the reasons' said Mammy.

'Má bhíonn tú in eitleán ag taisteal trí scamall' arsa Daidí an oíche sin, 'feicfidh tú gur ceo atá ann dáiríre. Ceo san aer is ea na scamaill. Tá siad déanta as braonta beaga uisce nó as leac oighir. Nuair a éiríonn an t-aer fuar déantar braonta beaga as an ngal. Déantar na scamaill as an aer bog tais a éiríonn aníos ón talamh. De réir mar a éiríonn an t-aer, éiríonn sé fuar. Comhdhlúthaíonn (condenses) an ghal uisce ina braonta beaga, agus sin agat scamall.'

'Comhartha drochaimsire is ea an spéir a bheith scamallach' arsa Máire. 'Bhuel' arsa Daidí, 'ní maith le daoine scamaill áirithe a fheiceáil, mar deir siad gur comhartha báistí iad. Ach is minic i gcaitheamh an tsamhraidh a fheiceann tú ceo brothaill (heat haze) go moch ar maidin nó go déanach istoíche. Nuair a ghlanann teas na gréine é bíonn an lá go hálainn. Is minic freisin a bhíonn scamall ar bharr cnoic. Ní gá gur comhartha báistí é sin. Níl ann ach go n-éiríonn sruthanna* aeir go minic in aice cnoic nó sléibhe. Nuair a fhuaraíonn sé bíonn scamall thart ar bharr an chnoic.'

'Bhí an múinteoir ag caint mar gheall ar na sléibhte agus an bháisteach,' arsa Máire. 'Ardaíonn an t-aer tais chun gur féidir leis gluaiseacht thar an sliabh. Titeann teocht an aeir ansin. Tarlaíonn comhdhlúthú (condensation) agus titeann an t-aer tais ina bháisteach.' 'Tá an ceart ar fad agat,' arsa Daidí 'agus bíonn taobh eile an tsléibhe san fhearthainnscáth (rain shadow).'

Féach ar an léaráid agus feicfidh tú an tsaighead chorcra. Taispeánann sí sin an t-aer tais ag ardú.

---

1 teocht os cionn 0°—drúcht/*temperature above 0°—dew*
2 teocht faoi bhun 0°—sioc/*temperature below 0°—frost*
3 ceo/*fog* 4 fearthainnscáth/*rain shadow.*

Feiniméin nádúrtha
Natural phenomena

Bhí an teaghlach ar fad ar saoire i mí Lúnasa. Chuaigh siad amach ag siúl tráthnóna álainn amháin roimh dhul a chodladh dóibh. Cé go raibh an ghrian faoi (set) le fada, bhí scamaill bheaga dhearga fós ar íor* na spéire. 'Cad is cúis leis an spéir dhearg sin, a Dhaidí?' arsa Máire. 'Nuair a bhíonn an ghrian ag dul faoi agus ag éirí' arsa Daidí, 'bíonn a cuid gathanna (rays) ag titim ar fiar* ar an talamh, agus bíonn orthu taisteal níos faide tríd an atmaisféar. Anois, cheapfá gur dath bán atá ar na gathanna ach tá seacht ndath orthu dáiríre. Ar maidin agus tráthnóna, tugann na gathanna fiara a bhíonn ag taisteal trí smúit* an atmaisféir léargas* níos fearr dúinn ar na gathanna buí agus dearga, agus as sin a thagann an spéir álainn daite ar maidin agus um thráthnóna.

Na spéartha dearg thiar, triomach agus grian
Na spéartha dearg thoir, sneachta go glúin fir'
arsa Daidí.

'Ní raibh a fhios agam go raibh an oiread sin dathanna i solas na gréine' arsa Peadar. 'Tá', arsa Daidí, 'agus is minic a fheiceann tú iad go léir le chéile. Tá siad sa bhogha báistí*. Oibríonn na braonta báistí mar phriosma agus briseann siad gathanna na gréine suas ina ndathanna éagsúla. An speictream a tugtar ar na dathanna sin; dearg, oráiste, buí, glas, gorm, indeagó agus sailchuachach (violet). Uaireanta, má bhíonn an dara bogha báistí lasmuigh den chéad cheann, feicfidh tú dathanna an speictrim i malairt oird sa cheann eile sin.'

'An raibh a fhios agaibh' arsa Mamaí 'go bhfuil gathanna solais ann nach féidir le súil an duine a fheiceáil in aon chor?'

There are ultraviolet rays on the blue side of the visible spectrum. These rays cause the tan on your skin when you lie in the sun. There are infra-red rays just beyond the red side of the visible spectrum. There are special cameras and film which can use these rays to take pictures at night time, or during fog. Night telescopic lenses work in the same way.

'Sometimes rings of light called haloes are seen around the sun or moon. Whitish rings are caused by ice crystals in the cirrostratus clouds. Coloured haloes are caused by rain droplets. A ring around the sun means rain, and a ring around the moon often means frost,' Mammy told the children. 'Have you ever seen an aurora, Mammy?' asked Máire. 'No,' said Mammy. 'They are rare in Ireland. People in Northern Scotland and Northern Europe see them much more frequently. I have seen pictures of aurorae, though. They are beautiful, glowing streamers of green, yellow, red or violet lights. They are caused by the sun's radiation. Electrified particles from the sun are trapped near the Earth's magnetic poles. These particles can cause oxygen and nitrogen to glow like neon lighting.'

'Tá sé in am dul abhaile anois' arsa Daidí. 'Tá codladh ar Chiara bheag.' Ar a slí abhaile chonaic na páistí a lán réaltaí reatha (shooting stars). 'Ní réaltaí ag titim iad sin' arsa Daidí, 'ach dreigítí (meteorites). Bíonn a lán cnapán* mór carraige ar foluain* thart amuigh sa spás. Má thagann siad róchóngarach* don domhan seo titeann siad go talamh. Éiríonn siad geal te agus leánn an chuid is mó acu agus iad ag taisteal tríd an atmaisféar agus is toisc iad a bheith chomh te a fhéachann siad cosúil le réaltaí.' 'Deireadh daoine fadó,' arsa Mamaí, 'go mbíodh anam ag dul ar Neamh ó Phurgadóir gach uair a thiteadh réalta.'

---

1 *spéir dhearg tráthnóna/red sky in the evening*
2 *braon báistí ina phriosma/a raindrop as a prism*
3 *bogha báistí/rainbow* 4 *fáinne thart ar an ngealach, coiméid, agus na Gealáin Thuaidh/halo around the moon, comets, and the Aurora.*

Sléibhte
Mountains

Chuaigh Peadar ag sléibhteoireacht (mountaineering) leis na gasóga ar feadh na deireadh seachtaine. Chuaigh siad go dtí na Cruacha Dubha. Sular fhág siad an baile, thug Séamas caint bheag dóibh faoi shléibhte na hÉireann. 'Tá áit an-tábhachtach ag na sléibhte i stair na hÉireann riamh anall' ar seisean. 'Is ar shleasa* na gcnoc agus na sléibhte a chuir na feirmeoirí fúthu nuair a tháinig siad go hÉirinn ar dtús. Sa Chlochaois a tharla sé sin, agus tá na tuamaí meigiliteacha (megalithic tombs) a thóg na daoine sin le feiceáil fós ar bharr agus ar shleasa na gcnoc ar fud na tíre. Ar na cnoic a fheicfidh tú na cairn chloch a thóg na daoine sa Chré-Umhaois*. Agus tá rian na seanmhianach* as ar thóg siad an copar agus an t-ór leis na hornáidí áille a bhí acu a dhéanamh.'

Sular tháinig Pádraig go hÉirinn, bhí an-tábhacht ag baint le cnoic áirithe i gcreideamh págánach na nDraoithe. Tá galláin* le feiceáil fós ar bharr a lán cnoc mar sin. Lastaí tinte ar bharr cnoc mar chuid dá gcreideamh freisin. Tá mé cinnte gur chuala sibh conas mar a las Pádraig tine ar Chnoc Shláine. D'iompaigh Rí na Teamhrach chun na Críostaíochta de bharr na tine sin.

Thóg na Críostaithe aireagail (oratories) ar bharr cnoc. Tá cuid acu seo fós ann. Tá ceann cáiliúil ar bharr Chruach Phádraig, mar a dtéann na mílte ar oilithreacht* gach bliain. Tógadh crosa ar bharr roinnt cnoc le linn 1950, an Bhliain Naofa, agus 1954, Bliain na Maighdine Muire. Tá ceann díobh seo ar bharr Chorrán Tuathail, agus b'fhéidir go bhfeicfimid é an deireadh seachtaine seo.

During the penal times, no priests were allowed in Ireland but many of them managed to stay without the authorities' knowledge. They used to say Mass out in the hills in lonely places.

Tá Cnoc an Aifrinn mar ainm ar chnoc sna Comaraigh go dtí an lá inniu. Leagadh na daoine a gcairn bheaga chloch chun eolas na slí chun an Aifrinn a thabhairt do dhaoine eile. Is féidir iad a fheiceáil fós i Sléibhte Thír Chonaill.

Áit fholaithe (hiding places) do ropairí* agus do lucht Éirí Amach ba ea na sléibhte aniar go dtí ár linn féin. I gCom Scangán i Sléibhte an Chomaraigh a bhí uaigh an Chrotaigh cháiliúil. I Sléibhte Chill Mhantáin a chuaigh cuid mhaith de lucht 1798 i bhfolach, agus is i nGleann Ó Máil sna sléibhte céanna a bhí cónaí ar Mhícheal Ó Duibhir. Nuair a theastaigh ó na Sasanaigh deireadh a chur leis an obair seo, thóg siad bóthar trí na sléibhte a dtugtar an Bóthar Míleata fós air.

Another interesting custom associated with our mountain slopes was that of booleying. *Buaile* means a summer milking place. In early summer, cows were driven up to pasture on high mountain slopes. They remained there until autumn. The herdsmen and women who looked after them built themselves temporary huts, the ruins of which can still be seen occasionally. People who were booleying lived mainly on milk and milk products, and presumably on hunting. Although this custom survived until relatively recent times in some areas, it went out of general use when sheep grazing took over the high pastures.

There are many interesting and rare plants which we may find on the higher mountain slopes. During the Ice Ages much of Kerry was free from ice, and certain hardy plants now known as Arctic alpine plants survived in the area. You can read about these plants on page 76.

---

1 galláin/standing stones   2 dolmain/dolmen   3 buaile/booley
4 tuama dileir dingeach/wedge-shaped gallery grave   5 carn/cairn.

Múnlú na sléibhte
Mountain formation

Did you know that many of what are now our mountain peaks once formed part of an ancient seabed? We know that this is true of our sandstone mountains, for example. Sandstone is a sedimentary rock. It was formed from grains of sand which long-vanished streams washed down on to the seabed. There, as ages passed, it was compressed and became rock. Limestone was formed in a similar manner, but from the shells of sea animals. The present-day sandstone mountains were formed when the seabed was forced up into a bulge or fold by pressure travelling through the earth's crust. Many of our cliffs show how pressure has forced rocks to bulge and fold. You can see how this happens in the top picture. You must remember that the folding process occurs very slowly, over millions of years, and that some mountains, like the Alps, are still growing. Folding created the Cork, Kerry, and Waterford sandstone mountains, and in these mountains the folds run in an east-westerly direction.

Other Irish mountains created by folding are the Wicklow, Mourne, and Donegal mountains. The main rocks in these ranges are not sedimentary but igneous. The rock is called granite. Long ago a layer of sedimentary rock covered these regions. Molten granite was pushed up into the folds. As the ages passed, the sedimentary rock was worn away, leaving the granite ranges we see today.

In Antrim, the molten rock actually erupted through the surface, creating volcanoes which poured out huge streams of lava. The lava cooled to form the basalt rock which now covers the Antrim Plateau. At the Giant's Causeway, where the lava ran into the sea, rapid cooling caused it to solidify into spectacular columns.

The third common way in which mountains have been formed is by faulting. A fault is a crack in the earth's rocks. Sometimes the pressures that cause these splits in the earth's crust have been so immense that one side of the fault has been pushed high enough above the other to form a range of mountains. The Central Lowlands of Scotland were created by faulting and are an example of a rift valley. The famous San Andreas fault in California causes many earthquakes in the region.

Chomh luath is a éiríonn talamh os cionn leibhéal na farraige, tosaíonn creimeadh (erosion). Bíonn na sléibhte á n-idiú (worn away) ag an aer, ag an uisce agus ag an ngaoth. Scuabtar clocha agus cuid den chré chun siúil. Nuair a thiteann an bháisteach, bogann sí an ithir* agus scuabtar chun siúil mar sin í. Scuabann aibhneacha an ithir chun farraige. Nuair a fheiceann tú sruthán sléibhe lá breá samhraidh, ní chuimhníonn tú go bhfuil an obair seo ar fad ar siúl aige, ach má fheiceann tú é tar éis na báistí agus má smaoiníonn tú go bhfuil sé ann leis na mílte bliain, tuigfidh tú an chumhacht atá ann. Is iad an ghaoth, agus an sioc, agus an bháisteach a ídíonn na carraigeacha agus an ithir.

Ach is í an leac oighir is mó a d'athraigh cruth na sléibhte sa tír seo. Le linn na hOighearaoise bhíodh clúid* oighir cúpla céad méadar ar tiús* ag clúdach na tíre seo. An leac oighir seo is cúis leis na lochanna coire (corrie lakes) atá le feiceáil ar na sléibhte mar shampla. Nuair a bhí an leac oighir ag leá, d'fhág sí cairn mhóra cloch agus gairbhéil ina diaidh. Bhí an t-ábhar seo scuabtha chun siúil aici ó áiteanna eile. As sin a tháinig na heascracha (eskers) agus na cnocáin ghainimh atá chomh flúirseach* inniu. Bhí an oighearaois dheireanach in Éirinn timpeall deich míle bliain ó shin.

---

1 *filleadh/folding* 2 *scoiltghleann/rift valley*
3 *trasghearradh bolcáin/cross-section of a volcano.*

Crainn na hÉireann 1
Irish trees 1

Is ón dair a fuair a lán áiteanna in Éirinn a n-ainmneacha. Bhíodh an crann sin an-choitianta sna foraoisí. Is é Cill Dara, an áit a raibh clochar Naomh Bríd, an áit is mó a bhfuil eolas ag daoine ina thaobh.

Is féidir linn teacht ar a lán eolais i dtaobh na tíre seo fadó ó na hainmneacha céanna. Tá a fhios againn mar shampla go mbíodh an crann caithne (arbutus) an-choitianta in iarthar na tíre mar tá an t-ainm sin fós ar áiteanna nach raibh aon chrann caithne iontu leis na céadta bliain. Áit acu seo is ea Ard na Caithne i gCorca Dhuibhne. Cuinche a thugtaí ar an gcrann caithne sa Chlár agus i gConnachta, agus tá an t-ainm le feiceáil ar bhaile Chuinche (Quin) i gCo an Chláir, agus ar oileán —Cuinsín—i gCuan Mó. Ní bhíonn an chaithne fiáin in áit ar bith anois ach timpeall ar Chill Airne agus i gceantar Loch Gile i gCo Shligigh, agus in áit nó dhó eile in iarthar na tíre. Tugtar *the strawberry tree* go minic uirthi i mBéarla toisc go bhfuil úll na caithne an-chosúil le sú talún.

Bíonn duilleoga ar an gcaithne i rith na bliana ar fad agus bíonn an crann go minic os cionn sé mhéadar ar airde. Tagann an bláth bán uirthi san fhómhar agus sa gheimhreadh agus nuair a thagann na húlla uirthi, tógann sé an chuid is mó den bhliain uathu aibiú (ripen). Bíonn coirt* saghas rua ar an gcaithne, agus adhmad den dath céanna atá inti.

Crann beag eile is ea an coll (hazel). Bhaintí úsáid as an adhmad sin, fite* ar a chéile, le tithe agus le ballaí cosanta a thógáil. Gabhlóg* choill a úsáideann collóirí (water-diviners) is é sin, daoine ar féidir leo uisce a aimsiú faoi thalamh. Siúlann an collóir timpeall na talún a bhfuil an t-uisce á chuardach ann. Nuair a shroicheann sé an áit a bhfuil an tobar uisce faoi, léimeann an ghabhlóg ina lámha.

Tagann bláth ar an gcoll sula dtagann duilleoga air. Bíonn na siogairlíní* le feiceáil air ó mhí na Nollag ar aghaidh. Cnó an-bhlasta is ea an cnó coill. Is breá leis an iora rua iad. Tá siad chomh blasta sin go ndéantar cuid mhaith díobh a allmhairiú* go dtí an tír seo timpeall na Samhna.

Ash is the wood used for hurleys. You will recognise the ash in winter from the black buds on its branches. It is a forest tree, which, under favourable conditions can grow up to thirty metres in height. The bark of the young tree varies from light grey to olive green, and it becomes more rugged as the tree grows older. The leaves are easily recognisable, having many pairs of side leaflets and a terminal one. The ash does not come into leaf until the frosts of spring are well past. In fact, it is considered a sign of fine weather if the ash is in leaf before the oak. Ash wood is especially suitable for shafts, tool handles, carts, agricultural implements and oars.

The mountain ash, or rowan, though not related to the ash proper, is popular nowadays as a decorative tree, due to the profusion of red berries it produces in the autumn.

The native Irish yew is in the bottom left of the picture. Yew is often used as palm on Palm Sunday. The yew tree which is most often seen in parks and cemeteries is another species of yew which was developed as a horticultural experiment. The tallest tree in Ireland is a Sitka spruce at Curraghmore, Co Waterford.

---

1 *caithne/arbutus* 2 *coll/hazel* 3 *fuinseog/ash*
4 *iúr/native Irish yew* 5 *caorthann/mountain ash.*

Crainn na hÉireann 2
Irish trees 2

'The profusion of Irish placenames that are based on trees or woods show how important and how plentiful trees were in ancient Ireland' said the teacher one day. 'Individual large trees which were held in particular respect or which had a ceremonial function were known as *bilí*. The investiture of chieftains often took place in the shade of a *bile*. The O'Briens of Clare, for example, inaugurated their chieftains under the *bile* of Magh Adhair. No insult could be greater than to damage the sacred *bile* of a tribe. When the Ulidians attacked the inauguration place of the O'Neills at Tullaghoge in the year 1111, they cut down the old trees. Niall MacLoughlin avenged this insult when he demanded a payment of 3,000 cows from the Ulidians. Some places still bear the names of the *bile* which once stood there. Ráth Bhile (Rathvilly) in Co Carlow is an example of this.

'Oak, being the most important Irish tree, features frequently in placenames. Adare, with its beautifully preserved thatched cottages, is Áth Dara. You can see that most placenames in this country make sense only in Irish. Derry comes from Doire—an oak wood. Other examples are Doire Leathan (Derrylahan)—the broad oak wood; Doire Fhada (Derradda) in Leitrim—the long oak wood; Doire an tSagairt (Derreentaggart)—the little oak wood of the priest. Portumna, oddly enough, is also named after an oak wood. *Omna* is an ancient word for oak, and only two or three placenames based on it have survived.

'D'fhág an crann beithe a ainm ar áiteanna freisin,' arsa an máistir. 'Tá Béal Átha Beithe i gCo Mhuineacháin agus tá Gleann Beithe i gCo Chiarraí ann, mar shampla.' 'Tá m'uncail Pól ina chónaí i gCuillinn i gCo Chorcaí' arsa Peadar. 'An dtagann an t-ainm sin ón gcrann cuilinn?' 'Tagann' arsa an máistir, 'agus tá Maigh Cuilinn i gCo na Gaillimhe freisin. Deirtear go bhfuair Sliabh gCuilinn i gCo Ard Mhacha a ainm ón gcrann céanna.' 'Rugadh m'athair san Iúr, Co an Dúin' arsa Síle Ní Néill. 'Is dócha gur ón gcrann a tháinig an t-ainm.' 'Sea, díreach' arsa an máistir. 'Deirtear gurb é Naomh Pádraig a chuir an crann iúir sin. Deir Annála Ríochta Éireann* gur mhair an crann go dtí gur dódh é mar aon leis an mainistir sa bhliain 1162.' 'Tá amhrán ag m'athair—The Valley of Knockanure,' arsa Peadar. 'Agus tá m'aintín Máire ina cónaí i dTír an Iúir i mBaile Átha Cliath' arsa Séamas. 'Sin é an t-iúr arís' arsa an máistir. 'Tá Achadh an Iúir i gCo an Chabháin ann freisin. Seo rud spéisiúil anois daoibh: focal eile a bhí ar an iúr in Éirinn fadó ná *eo*. As sin a tháinig Maigh Eo (machaire iúir), agus Eochaill (coill an iúir).'

'An raibh a fhios agaibh gur ón gcrann coill a fuair an bradán feasa an fios?' arsa an máistir leo lá eile. 'Deirtí go mbíodh naoi gcrann coill ag fás timpeall ar thoibreacha abhann áirithe. Aon bhradán a d'ith na cnónna a thit de na crainn sin, bhí an fios aige.' 'An bhfuil an coll le fáil in aon logainmneacha*?' arsa Peadar. 'Tá, cinnte. Tá An Chúlchoill i gCo Laoise,' arsa an máistir.

'Crann eile a mbíodh an-mheas ag na daoine air ba ea an crann úll' ar seisean leo. Fuair an tAbhallort i gCo Loch Garman a ainm uaidh sin. Is dócha gur ón gcrann úll a ainmníodh Úlla i gCo Thiobraid Árann freisin.'

---

1 *beith/birch* 2 *dair/oak* 3 *cuileann/holly*
4 *crann fia-úll/crab apple tree*.

Coillte dúchasacha
Native woods

Nuair a tháinig daoine go hÉirinn ar dtús, bhí an chuid is mó de thalamh na tíre faoi fhoraoisí. Bhí ar na feirmeoirí cuid de na coillte a ghlanadh chun spás a dhéanamh dóibh féin le haghaidh feirmeacha. Bhí meas ag na Gaeil riamh ar chrainn agus ar thoir*, agus sa chóras* dlí bhí liosta déanta acu ar na pionóis* a bhí le gearradh ar dhuine a dhéanfadh díobháil do chrann. Ghearrtaí fíneáil dhá bhó ar an té a leagfadh crann luachmhar*. An té a dhéanfadh díobháil do thor, chaillfeadh sé caora. Ba í an dair an crann ba luachmhaire leo ar fad.

De réir a chéile, áfach, gearradh na foraoisí. Nuair a thosaigh na Sasanaigh ag cur fúthu in Éirinn, sa séú agus sa seachtú haois déag, ghearr siad na crainn i ngach aon áit. Thógaidís tithe agus longa leis an adhmad ó na stoic mhóra. Dhéanaidís bairillí as na craobhacha agus na crainn bheaga. Is ag an am seo a glanadh na foraoisí dúchasacha i Laois agus in Uíbh Fhailí. Tar éis Éirí Amach na nGearaltach, glanadh foraoisí breátha na Laoi agus na hAbhann Móire.

Faoin mbliain 1698, bhí an oiread sin coillte ar lár go raibh an rialtas i Sasana buartha faoin scéal. Rinne an Pharlaimint iarracht daoine a spreagadh* chun crainn a chur ag fás. Ar thailte* na ndaoine uaisle, áfach, a tháinig an obair seo chun cinn. Cuireadh roinnt crann ag fás nach raibh riamh in Éirinn roimhe sin. Is ag an am seo a tháinig an fheá (beech) go hÉirinn, mar shampla. Deir na cuairteoirí a tháinig anseo sa naoú haois déag go raibh a lán crann timpeall ar na tithe móra agus go raibh an chuid eile den tír lom nocht. Sin é an toradh a bhí ar pholasaí rialtas Shasana.

In Ireland today, there is very little natural forest which has never been touched by man. There is, however, some in Killarney and also near Pontoon in Mayo. The vale of Clara in Wicklow is another. In these remnants of primeval forest the oak is still the principal tree. Oak, as we have seen, was highly prized by the ancient Irish. This is not surprising as its wood was excellent material for carpentry and its bark was used in tanning and its acorns were a valuable food for pigs. Among the oak branches in spring and summer there are many insects and several species of birds feed on them. Several kinds of moth caterpillar, the winter moth, the *Erannis defoliaria* and *Tortrix viridana*, are plentiful on oak leaves and they provide an excellent food supply for the birds and their young. Some of these moths are illustrated on page 73.

Other trees common in the oak forests were the ash, the hazel, the hairy birch and the rowan. Evergreens were the holly, the yew and the arbutus. The arbutus now survives chiefly in Killarney and in the area around Lough Gill. On the trunks of all these trees, a species of fern known as polypody is often found.

Oak forests, due to the deciduous nature of the trees, contain thick undergrowth. Bilberry bushes, hard ferns, and Irish spurge are common plants. Many small animals like foxes, stoats and badgers live here. Deer is also common in the Killarney woodlands, where our only truly native herd of red deer is to be found.

If you look carefully you will find that the undergrowth contains many tiny animals such as millipedes, centipedes, mites, slugs and snails. Needless to say, these animals are quite harmless.

Féach ar an léaráid agus feicfidh tú an úsáid a bhain daoine as na coillte. Fadó dhéanaidís báid bheaga as an adhmad. Diaidh ar ndiaidh thosaigh siad ag déanamh na mbád mór. Rinne siad troscán agus bairillí. Féach freisin ar na páirceanna foraoise mar atá siad sa lá atá inniu ann.

An fia agus an t-iora
The deer and the squirrel

Is é an fia rua an fia dúchasach* sa tír seo. Tá gaol ag an ainm *fia* leis an bhfocal *fiach**, agus théadh Fionn Mac Cumhaill ag seilg an fhia in éineacht le hOisín, le hOscar, le Diarmaid Ó Duibhne agus leis an dá chú cháiliúla, Sceolang agus Bran. Bhí an eilc níos mó ná an fia rua féin, ach tá siad siúd ar fad marbh fadó. Is breá leis an bhfia rua an talamh ar imeall* na coille, mar fásann féar, fraoch, dair agus cuileann ann agus faigheann sé go leor bia. De réir mar a gearradh foraoisí na hÉireann, chuaigh líon* na bhfianna rua i laghad, agus chuir an Gorta Mór deireadh ar fad leo nach mór.

Níl ach aon tréad* amháin de na fianna rua dúchasacha fágtha in Éirinn anois. Sin é an tréad atá i gCill Airne. Ó Albain a tugadh isteach na fianna atá anois i gCill Mhantáin, agus i dTír Chonaill. Fionnadh* donnrua agus gcadán* bán a bhíonn ar an bhfia rua. Éiríonn an fionnadh níos dorcha sa gheimhreadh. Bíonn moing (mane) ar an bpoc* go háirithe sa séasúr síolraithe* ag deireadh an fhómhair. Bíonn beanna (antlers) ar an bpoc freisin. Tosaíonn na beanna ag fás den chéad uair sa dara bliain. Titeann siad gach bliain i mí Aibreáin, agus tosaíonn péire nua ag fás láithreach. Bíonn siad fásta go hiomlán ag deireadh Lúnasa. Gach bliain bíonn na beanna níos mó fós go dtí go mbíonn an poc sé nó seacht mbliana d'aois. Le linn dóibh a bheith ag fás, bíonn clúdach bog craicinn orthu. Is é an craiceann seo a chuireann an fhuil agus na mianraí* ar fáil a bhíonn ag teastáil ó na beanna. Nuair a stopann siad de bheith ag fás, cuimlíonn na poic a mbeanna de na crainn agus de na toir chun an cóta bog craicinn sin a bhaint. Má bhíonn níos mó ná dhá adharc déag ar bheanna an phoic, tugtar Poc Ríoga air.

An Tiarna Powerscourt a thug isteach an fia Seapánach (sika) sa bhliain 1881. Tá siad le fáil anois i gCo Chill Mhantáin, i gCo Átha Cliath agus i gCo Loch Garman. Bíonn siad i gCill Airne freisin, i dTír Eoghain agus i bhFear Manach. Tagann dath liathdhubh ar fhionnadh an fhia seo sa gheimhreadh agus is annamh* a bhíonn níos mó ná sé adharc ar a chuid beann.

Tugadh an fia buí isteach sa tír ar dtús le linn na Normannach. Is é seo an fia is líonmhaire* in Éirinn anois. Aithneoidh tú é nuair a fheicfidh tú na beanna leathana atá air.

One of our most attractive woodland animals is the red squirrel with its curving bushy tail. The red squirrel's fur darkens to a greyish black colour in winter. He builds himself a nest called a drey where a suitable branch joins the trunk of a tree. He does not actually hibernate during the winter, but lies up in the drey for much of the day, often with one or two of his neighbours huddled together for warmth. He comes out only for short periods to feed. Bark, buds, fruit, nuts and seeds are his normal diet, but he will occasionally eat insects, young birds and eggs. He gives one the impression that he is a clever resourceful animal, because he is thought to build stores of food in times of plenty. Unfortunately, however, he often forgets where he has built his store.

The grey squirrel is larger than the red, has a more ratlike head and is, of course, pale grey in colour. These squirrels were introduced to Ireland from North America about seventy years ago and have now spread throughout the midlands.

Chuir sé áthas ar chroí an Phiarsaigh ainmhithe agus feithidí na coille a fheiceáil tráthnóna samhraidh.

> Sometimes my heart hath shaken with
>   great joy
> To see a leaping squirrel in a tree
> Or a red ladybird upon a stalk.

---

1 *iora rua*/red squirrel   2 *iora glas*/grey squirrel
3 *fia buí*/fallow deer   4 *fia rua*/red deer.

An sionnach agus an broc
The fox and the badger

Foxes are frequently found in our woodlands. They are extremely adaptable animals. They can live anywhere from sand dunes to city suburbs, which they are invading more and more as wild prey becomes scarce and inaccessible. Foxes are members of the dog family, and this is obvious from their appearance. Their life span is about four years and it is thought that many cubs die before reaching maturity. An average litter contains four or five cubs born in late February or early March. They remain in the den and feed exclusively on milk for the first four or five weeks. They are cared for by both parents until at least early June, and they are fully grown by the time they are about seven months old. Fully grown foxes do not normally rest in their dens. They usually find overground cover except in the breeding season. They have a fairly limited territory, rarely more than four miles in any direction, and their trails are difficult to locate.

We call the fox a nocturnal animal because it hunts its prey by night. It feeds on poultry whenever possible and sometimes kills many more birds than it can carry away. It also kills lambs for food. The cunning of the fox is legendary. One story tells how a farmer went into his henhouse in the morning and found all his chickens dead, and lying in the midst of them, a dead fox. He picked the animal up by the tail and threw him out into the yard, whereupon the fox leapt up and vanished in the fields, very happy to have fooled the farmer. Not surprisingly, therefore, farmers have always considered the fox a pest and they have been, and still are, hunted relentlessly. In spite of this, however, their numbers show no sign of declining. They eat rabbits, young hares, rats and small birds, as well as field mice, insects and fruit. In towns, they forage among the litter bins and in the dumps.

Foxes are popularly believed to have uncanny knowledge, and even to have a particular connection with certain families. When a member of one of these families is dying, it is said that foxes from the surrounding areas collect into the fields and gardens around the house, where they howl in mourning for the departing soul.

Ainmhí láidir is ea an broc (badger). Ceann bánliath atá air agus tá dhá stríoc dhubha os cionn a shúl. 'Chomh liath le broc' a deirtear. Tá dath liathdhubh ar chorp an bhroic. Timpeall 90 cm ar fad agus 18 kg meáchain a bhíonn an broc. Ainmhí oíche is ea é agus caitheann sé an lá ina chodladh. Brocach a thugtar ar an áit faoi thalamh ina gcónaíonn an broc. Gréasán* de thollán (tunnels) is ea an bhrocach. Bíonn cúig nó sé bhealach éagsúla isteach inti. Bailíonn siad raithneach* agus féar tirim chun leaba a dhéanamh dóibh féin. Athraíonn siad na leapacha seo go minic, agus bíonn carn féir agus raithní le feiceáil taobh amuigh den bhrocach.

Bíonn cuid mhaith broc i dtreibh* agus ceantar dá cuid féin ag gach treibh díobh. Marcálann siad teorainneacha* a gceantair féin chun nach ndéanfaidh aon treibh eile aon rud a ghoid orthu. Fágann an broc a bholadh speisialta ar an áit a gcónaíonn sé agus fanann broic eile amach as.

Má ionsaíonn* duine nó madra broc, is ar a dhroim a throideann sé. Is iontach an trodaí é agus is maith an madra a bhuafadh air.

Deirtí go mbíodh ádh i gcártaí ar an té a mbíodh fiacail bhroic ina phóca aige. Is ón mbroc a ainmníodh Cluain Broc i gCo na Gaillimhe agus Domhnach Broc i mBaile Átha Cliath.

---

1 *broc/badger* 2 *sionnach/fox*.

Feithidí agus múscáin
Insects and fungi

Each autumn, in a deciduous forest, leaves fall from the trees. Fallen trees, dead branches and leaves form a deep carpet of litter under the trees. Little by little, this dead plant and animal matter is transformed into soil. Many little animals which live in the litter help to speed up this process. Millipedes feed on leaf litter, and help to make soil, as do earthworms. The earthworm eats the leaf mould, digests the food contained in it, and passes the waste out as a worm cast. You will find the woodlouse hidden under logs and loose bark. This little animal is a land cousin of the crab. He feeds on rotten wood, and so helps in the creation of soil.

Mites, including the pretty red mite, are the most numerous inhabitants of the litter carpet. Beetles, spiders and centipedes feed on grubs, and mites, and indeed, on any little creatures they can catch. Springtails are strange little insects, which have an odd way of jumping about, by means of a lever action in the joints of the body. They feed on debris and can be seen in summer jumping about on stagnant water.

Snails and slugs which mainly live on plants, also live in the litter carpet, as do ants and earwigs. A rather intimidating beetle is the devil's coach horse, a long black insect which can shoot up its hindquarters in a disconcerting way. What actually happens is that an unpleasant smell is squirted from the tail to discourage predators, such as birds. This insect was believed to have the power of cursing people when it raised its tail. In the old days it was customary to kill devil's coach horses by putting them in the fire. This was thought to bring spiritual benefits to the person involved: 'Is fearr ná oíche i do throscadh daol a loscadh' a deir an seanfhocal.

Ag deireadh an tsamhraidh agus i dtosach an fhómhair, bíonn a lán múscán (fungi) le fáil sna coillte darach. Plandaí gan chlóraifill is ea na múscáin, agus mar sin ní féidir leo a gcuid bia féin a dhéanamh. Mar sin ní foláir dóibh maireachtáil* ar phlandaí marbha na coille. Is féidir leo, áfach, maireachtáil in áiteanna dorcha nach féidir le plandaí eile fás iontu.

Ar stoc agus ar chraobhacha na gcrann a fhásann an bracfhungas. Is é an chuid a bhíonn le feiceáil toradh an phlanda. Bíonn an chuid eile den phlanda féin faoi cheilt sa chrann. Múscán coitianta eile ar chrann leagtha is ea an garbhógach (clubmoss). Tá go leor saghsanna díobh seo ann agus éagsúlacht datha agus crutha orthu.

Is í an agairg (agaric) an púca peill (toadstool) is coitianta. Fadó ghearradh na mná tí an agairg ina phíosaí beaga ar mhias. Mhealladh* sí na cuileoga* chuici agus mharaíodh an nimh* atá san agairg iad. Caidhp bhuíghlas agus geolbhaigh bhána atá ar an gcaidhp bháis (death cap). Púca peill fíornimhiúil* is ea í.

Bíonn boladh uafásach ó adharc an phúca (stinkhorn fungus). Tá cuma na huibhe ar an bhfungas seo. Fásann gas aníos as, agus tá clúdach dubh spór ar bharr an ghais. Itheann cuileoga adharc an phúca, agus beireann siad na spóir leo ar a gcosa. Is iad na spóir na síolta a bhíonn ar fhungais.

Feicfidh tú freisin, an bolgán béice (puff-ball). Tá sé cosúil le liathróidín bhán agus clúdach saghas leathrach* air. Nuair a bhíonn sé aibí scoilteann an clúdach seo agus spréann na spóir bheaga dhonna amach as.

Bí cinnte nach n-itheann tú aon mhúscán a fhaigheann tú ag fás fiáin. Tá cuid acu chomh nimhiúil sin go maraíonn siad daoine.

---

1 *céadchosach/centipede* 2 *garbhógach/clubmoss* 3 *gailseach/earwig* 4 *bolgán béice/puff-ball* 5 *deargadaol/devil's coach horse* 6 *daol/ground beetle* 7 *cláirseach/woodlouse* 8 *damhán alla/spider* 9 *fíneog dhearg/red mite* 10 *adharc an phúca/stinkhorn fungus* 11 *an chaidhp bháis/deathcap* 12 *raithneach/fern*.

Mamaigh bheaga na coille
Small woodland mammals

The pygmy shrew is the smallest of our mammals, and its average weight is 3.5 grams. It is about half the length and a quarter of the weight of a mouse. It has a velvety fur, a furry tail, a long pink snout with long stiff whiskers all around it, and it has red tips to its teeth. It lives mainly on insects and worms. Because it is so small and uses a lot of energy by hunting, it cannot store any food as fat. Unless it can feed every two or three hours, it will starve, so it hunts by day and by night. It consumes more than its own weight of food every day.

It has very poor eyesight, and hunts by smell and by touch, using its well-developed whiskers to feel its way. Its hunting runs are easy to see. They are very small paths and tunnels twisting and turning in the grass. While hunting, it frequently squeaks with a high-pitched sound. This sound will help you to locate shrews, and if you want to look at them, lift the vegetation carefully. Long grass is their favourite habitat, but they also live in coniferous woodlands, in deciduous woodlands, and under heather on bogs and mountains.

Fuair an dallóg fhraoigh a hainm Gaeilge toisc go bhfuil an radharc go dona aici. Timpeall ocht mí dhéag ar fad a mhaireann* na dallóga. Síolraíonn (breed) siad dhá uair nó níos mó sa bhliain, ach cailltear a lán de na dallóga óga i rith an gheimhridh.

Aithníonn gach duine an ghráinneog (hedgehog), agus a cóta deilgneach*. Ach an raibh a fhios agat gur furasta peataí a dhéanamh astu? Is maith le daoine iad a bheith sa ghairdín acu, mar itheann siad ciaróga, feithidí eile, péisteanna, seilidí, agus a leithéid sin. Uaireanta, itheann siad caora, cnónna agus torthaí. Má thagann ceann acu chun cónaithe i do ghairdín, tabhair babhla bainne di gach tráthnóna agus ní fada go mbeidh peata agat.

Sna coillte duillsilteacha (deciduous) a mhaireadh na gráinneoga fadó, ach tá siad le fáil anois ar fud na tíre go léir. Ní maith leo an talamh fliuch ná na sléibhte arda, áfach.

Ainmhí oíche is ea an ghráinneog. Bíonn baol orthu san oíche mar buaileann carranna go minic iad nuair a bhíonn siad ag siúl ar na bóithre. Nuair a fheiceann an ghráinneog an carr ag teacht, casann sí suas agus cuireann sí cuma liathróide uirthi féin. Ceapann sí go gcosnóidh* a cuid deilgne í. An ghráinneog bhocht!

Bíonn dhá ál* sa bhliain ag an ngráinneog, ceann i dtús an tsamhraidh agus ceann san fhómhar. Bainbh a thugtar ar na gráinneoga óga, agus ní bhíonn ach cúpla dealg bhog bhán ar a ndroim. Ní fhágann siad an nead go dtí go mbíonn siad ocht seachtaine d'aois. Faoin am sin, bíonn ar a gcumas aire a thabhairt dóibh féin.

Roimh Nollaig, déanann na gráinneoga neadacha dóibh féin i bpoll sa talamh, faoi thor*, nó i measc fréamhacha* crann. Bailíonn siad duilleoga, féar tirim agus caonach* timpeall orthu féin, agus codlaíonn siad sa nead seo de lá agus d'oíche go dtí go dtagann an Márta arís. Tugtar na codlatáin ar na hainmhithe a dhéanann é seo. 'Conas nach bhfaigheann siad bás leis an ocras?' a deir tú. Tá cúpla cúis leis. Ar an gcéad dul síos, ní gá dóibh mórán bia a bheith acu agus iad ina gcodladh. Agus, chomh maith, is féidir leo an bia a itheann siad i gcaitheamh an tsamhraidh a chur i dtaisce ina gcoirp i bhfoirm méathrais (fat).

---

1 gráinneog/hedgehog   2 dallóg fhraoigh/pygmy shrew.

Éanlaith choille
Woodland birds

Bhí an líon tí ar fad ag siúl ar na sléibhte Domhnach amháin. Le linn dóibh a bheith ag teacht anuas an cnoc, chonaic siad fál sreinge* ag síneadh amach uathu ar thaobh an chnoic. 'Beidh coill nua ansin' arsa Daidí. 'Féach ar na crainn bheaga. Tabhair faoi deara chomh hard is atá na plandaí ag fás taobh istigh den fhál. Sin toisc nach bhfuil aon chaoirigh nó aon ainmhithe feirme eile ag iníor* laistigh.' Chonaic na páistí féar ard, fraoch (heather), aiteann*, raithneach* agus go leor plandaí eile ag fás i measc na gcrann óg.

D'inis Daidí dóibh go mbíonn a lán éan le fáil sna coillte óga mar is breá leo an fásra* tiubh. 'Déanann an fhuiseog (lark), an riabhóg mhóna (meadow-pipit), an lon dubh (blackbird), an dreoilín (wren), an spideog (robin), an corcrán coille (bullfinch) agus an gleoiseach (linnet) a neadacha ann,' ar seisean. 'Agus tagann an chuach go minic ag lorg nead na riabhóige chun a hubh a fhágáil ann. Bíonn cromán na gcearc (hen harrier) freisin ann, mar is féidir leis na héin agus na hainmhithe beaga a ithe.' 'Agus ná dearmad an piasún (pheasant),' arsa Mamaí. 'Bíonn seisean ann freisin. Ach ní bhfaighidh tú na cearca fraoigh ann anois. Itheann siad siúd gais* óga an fhraoigh. Ní bhíonn an fraoch róchoitianta sna coillte óga mar fásann na plandaí eile chomh tapa sin nach mbíonn slí ar bith fágtha don fhraoch.' 'Bíonn ciaróga, féileacáin agus leamhain ann freisin, gan amhras,' arsa Daidí. 'Itheann na gráinneoga* agus na dallóga* fraoigh a lán ciaróg. Itheann na lucha síolta agus caora beaga a fhásann sa choill.'

Unfortunately, the coniferous forest does not remain rich in birds for very long,' Mammy told the children. 'Within a few years the young trees will have grown into an impenetrable jungle that stifles all undergrowth. This destroys much of the birds' food supplies, and in a mature forest any remaining birds tend to nest near the edges or along the sides or firebreaks.'

As the trees become taller, some are thinned out, and lower branches are lopped off. Wood-pigeons, jays and magpies are plentiful in these taller conifers. Two smaller birds, the coaltit and the goldcrest, are still to be found. They both catch their tiny insect food high in the trees.

'As years go by, the trees are thinned and thinned again, until the mature trees tower many metres above our heads' said Daddy. 'Even though the coaltits and the goldcrests are present, we can only identify them by their chirping as they search high overhead for their food. It is at this stage that the sparrowhawk and kestrel may take up residence in the forest, and in many mature forests one can find the long-eared owl and the wood-pigeon.'

'What about animals?' asked Peadar. 'I have never seen any in the forest.' 'Wildlife is very hard to find,' said Daddy, 'but it is there. There are some red squirrels and grey squirrels, foxes and badgers. One of our rarest mammals, the pine marten, can be found in the pine forests. It feeds mainly on rats and mice, and sometimes on squirrels. It is a good climber and may use, as its own, the nest of a crow, or a squirrel's drey. More often, however, it nests in holes under trees or among rocks and boulders.'

---

1 *smólach ceoil/song thrush*   2 *liatraisc/mistle thrush*
3 *spíoróg/sparrowhawk*   4 *rúcach/rook*   5 *dreoilín/wren*
6 *colm coille/wood-pigeon*   7 *spideog/robin*

Féileacáin agus leamhain
Butterflies and moths

'How can you tell a butterfly from a moth?' asked Peadar one day. 'The best way is by their antennae,' said Mammy. 'Butterfly antennae are always club shaped, the moth's never. The moth's antennae may be feathery, and pointed or blunted at the ends, but never club shaped.' 'This is the time of year to look for butterflies' eggs,' said Daddy. 'Come on out to the back garden. There are plenty of the eggs of the large white butterfly on my cabbage plants.' 'How tiny they are!' exclaimed Peadar, looking at the tiny yellow specks. 'They will hatch out into caterpillars that will eat my cabbages' said Daddy. 'And then they will spin their cocoons and transform themselves into butterflies.' 'Where would I find other butterflies' eggs?' asked Peadar. 'You would find small tortoise-shell or peacock eggs on nettles' said Daddy. 'The speckled wood larva feeds on coarse grasses and the silver-washed fritillary larva feeds on the dog violet, so that is where you will find their eggs.'

'All these butterflies are very common in the woodlands' said Mammy. 'You must look in the clearings and along the edges rather than deep in the forest. The brimstone is the first butterfly of the season to wake from its hibernation. You will sometimes see it as early as February. May and June is the best time of year for butterflies, as all species are plentiful by then.' 'Do all butterflies hibernate?' asked Peadar. 'At some stage, yes,' said Mammy. 'Some, like the brimstone, hibernate as fully developed butterflies, but others hibernate when they are in their chrysalis (in the pupa stage). The large white that Daddy was telling you about is one of those.'

'Ar dhuilleoga na gcrann darach a bheireann an *Tortrix viridana* a chuid uibheacha' arsa Daidí, 'mar is iad duilleoga na darach an bia a itheann sé Filleann (folds) an chruimh an duilleog dharach timpeall uirthi féin agus sníomhann* sí cocún di féin. Dath bánghlas a bhíonn ar sciatháin an leamhain seo.

Uaireanta bíonn a lán acu ina gcónaí ar aon chrann amháin. 'Bíonn cuid de na leamhain an-mhór' arsa Peadar. 'Bíonn cinnte,' arsa Daidi. 'Is é conach na cealtrach (death's head hawk moth) an ceann is mó a bhíonn againn sa tír seo. Tá cruimh an leamhain seo timpeall 12 cm ar fad. Is annamh* a fheiceann daoine an leamhan seo in Éirinn.'

'Tá feithid aisteach* eile a bheireann uibheacha ar an gcrann darach' arsa Mamaí. 'Cuileog bheag is ea an *Cynips quercus*. Beireann sí a hubh ar dhuilleog. Ansin, déanann sí cnó beag cruinn den duilleog. Níl a fhios ag aon duine conas nó cén fáth a dtarlaíonn sé. Gál darach (oak-apple) a thugtar ar an gcnó seo. In áiteanna eile tugtar úillín domlais air. Fásann an chruimh istigh san úll, agus nuair a bhíonn sí mór go leor, itheann sí poll sa chnó agus tagann sí amach.' 'An chéad uair eile a bheimid sa choill' arsa Daidí, 'cuardóimid go dtí go bhfaighimid gál darach nach bhfuil aon pholl ann. Cuirfimid i bpróca* gloine é agus ansin feicfimid an chruimh nuair a thiocfaidh sí amach. Dála an scéil is as an ngál darach a dhéanadh daoine dúch do na pinn fadó. Déantar anois é as tarra guail go minic.'

---

1 *ruán beag ar neantóg*/small tortoiseshell butterfly on nettle   2 *bulóg ruibheach*/brimstone butterfly   3 *bánóg mhór ar* Raphanus maritimus/*large white butterfly on* Raphanus maritimus   4 *péacóg*/peacock butterfly   5 Erannis defoliaria   6 *crisilid an* Tortrix viridana/*chrysalid of* Tortrix viridana   7 Tortrix viridana.

Bláthanna na coille
Woodland flowers

'Ó, go raibh míle maith agat, a Mháire,' arsa Mamaí nuair a chonaic sí na cloigíní gorma (bluebells) a bhí ag Máire di. 'Cá bhfuair tú iad?' 'Thuas i gCoill an Ois,' arsa Máire. 'Tá brat gorm díobh ar an talamh ann. Agus nach aisteach* é na bláthanna a bheith ann chomh luath seo sa bhliain? Níl mórán duilleog ar na crainn.' 'Bíonn flúirse bláthanna le fáil sna coillte loma san earrach' arsa Mamaí. 'Nuair a bhíonn na crainn lom, sroicheann teas agus solas na gréine an talamh agus fásann go leor bláthanna. Feonn* na bláthanna seo ag deireadh an earraigh nó go luath sa samhradh sula mbíonn na duilleoga ag fás go tiubh ar na crainn, agus ní bhíonn siad le feiceáil arís go dtí an t-earrach. Anois bíonn na cloigíní gorma ar fáil i mí na Bealtaine. Bíonn bleibíní* ag na plandaí seo, mar a bhíonn ag lus an chromchinn agus ag an tiúilip sa ghairdín, ach bíonn bleibín níos lú ar an gcloigín gorm. Bíonn bia i dtaisce* sa bhleibín agus is as seo a fhásann an planda úr an chéad bhliain eile.'

'Chonaic mé bainne bó bleachtáin (cowslip) freisin' arsa Máire. 'Tá boladh álainn uathu.' 'Tá,' arsa Mamaí. 'Tá siad ar cheann de na bláthanna is túisce a bhíonn le feiceáil san earrach. As sin a fuair siad an t-ainm Laidine atá orthu, *primula*.'

'An bhfuil seamsóg (wood-sorrel) ar bith i gCoill an Ois?' arsa Daidí. 'Ní aithneoinn í,' arsa Máire. Thaispeáin Daidí pictiúr di. 'Ó, tá go leor de sin ann freisin,' arsa Máire. 'Sin é an planda a bhfuil an blas deas géar ar a dhuilleoga.'

Bhí Máire ag socrú na mbláthanna i bpróca. 'Féach an crobh préacháin (buttercup) a bhailigh mé aréir,' ar sise. 'Dhún sé isteach a dhuilleoga le titim na hoíche, agus tá sé oscailte amach arís anois.' 'Déanann sé é sin i gcónaí' arsa Mamaí, 'go dtí go n-éiríonn an bláth sean. Ansin fanann na duilleoga ar oscailt i gcónaí. Dúnann an nóinín san oíche freisin, dála an scéil'.

'I got some wood violets and some ground ivy as well' arsa Máire. 'But I'm sorry I picked them. They looked nicer when they were growing.' 'They are very fragile,' said Mammy 'and so is the herb Robert, which you did not find today. They are all beautiful in the wild, but they look very insignificant if you put them in a vase.'

'Next month will bring us two lovely wild flowers' said Daddy. 'There will be lots of wild roses on the edges of the wood. They grow over and among the smaller trees and shrubs, and have a very delicate colour and fragrance. They are a source of nectar and pollen for bees and other insects, as indeed are many of the forest flowers. And June will also bring us the wild honeysuckle, which can climb high on trees in search of sunlight. Its flowers are a very unusual shape, and they have a strong fragrance which attracts many insects. The hawkmoth is a particularly frequent visitor to the honeysuckle. When the flowers fall, a cluster of green berries form and these turn bright red in the autumn. The honeysuckle grows also on poor rocky land and is commonly found in the west of Ireland. This flower is also known as the woodbine.'

---

1 *cloigíní gorma*/bluebells 2 *seamsóg*/wood-sorrel
3 *sailchuach*/violet 4 Nepeta hederacea 5 *feirdhris*/wild rose
6 *féithleann*/honeysuckle 7 *sabhaircín*/primrose
8 *grán arcáin*/lesser celandine 9 *ruithéal rí*/herb Robert.

Alpaigh agus Lúsatánaigh
Alpines and Lusitanians

'As I told you,' said Séamas, 'during the Ice Age, many plants were able to survive in the bleak cold countryside around the edge of the ice sheet. As the climate became warmer, these plants retreated to the hillsides where cooler conditions prevailed. Those which still exist in Ireland are found mainly on the mountains. Plants like these are called Alpines.' 'Because they are very common in the Alps?' asked Peadar. 'Yes' said Séamas. 'Alpines are very well suited to cold surroundings. They can survive long periods of being buried under snow. They bloom and set their seeds very quickly during the short summer heat.' 'But surely, there is very little soil on the mountain peaks?' asked Éamann Ó Neachtain. 'How can they survive on bare rock?' 'Even on what appears to be bare rock,' said Séamas, 'soil forms in little cracks and hollows in the stone. Alpine plants can send long taproots into these crevices in order to obtain food and water from the soil. The plants grow from this taproot, often in the form of clumps and rosettes, with flowers in the centre. Some Alpines creep over a large area of bare rock sending down rootlets to attach themselves to the surface.' 'The mountain avens is like that,' said Peadar. 'Look at the picture here.' He pointed to an illustration showing a dense mat of small green oak-shaped leaves which were white underneath. The flowers were white with yellow centres. Beside the mountain avens was an illustration of an Alpine clubmoss, a plant with a creeping main stem with tufts of upright branches covered in close-fitting greyish leaves.' 'Some of these plants have strange breeding habits' said Séamas.

'Feiceann sibh dhá chineál féir anseo agus ainmneacha fada Laidine orthu, *Festuca vivipara* agus *Polygonum viviparum*. Ní thagann an planda seo ó shíol in aon chor. Fásann plandaí óga in áit na mbláthanna. Titeann na plandaí óga go talamh, cuireann siad síos fréamhacha* agus sin agat planda nua. Plandaí neamhchoitianta* is ea iad seo. Ní fhásann siad aon áit ach ar shléibhte Chiarraí agus Thír Chonaill.

'Tar éis na hoighearaoise ní raibh an aimsir chomh fuar sin agus tháinig grúpa nua plandaí go hÉirinn. Ní raibh farraige an uair sin idir Éire agus an Mhór-Roinn agus tháinig plandaí chugainn ó dheisceart na hEorpa. Na Lúsatánaigh a thugtar ar na plandaí sin. Tá samplaí agam ar an liosta seo,' arsa Séamas.

B'fhéidir go bhfeicfimid cabáiste an mhadra rua (St Patrick's cabbage),' arsa Peadar. 'Feicim anseo go bhfuil sé le fáil ar na Cruacha Dubha, ach is i mBoireann, Co an Chláir, is mó a fheictear in Éirinn é. Tomóg (small bush) de dhuilleoga tiubha atá ann. In áiteanna, fásann sé chomh hard le 900 m os cionn leibhéal na farraige.

'Fásann an bainne caoin (Irish spurge) i dtalamh nach bhfuil aon aol* ann,' a léigh Éamann amach, 'mar sin is in Iarthar Chorcaí agus i gCiarraí is mó a fhásann sé.' Tá sé coitianta sna coillte duillsilteacha.* 'Tá sé in am againn a bheith ag bogadh' arsa Séamas. 'Focal amháin eile. Tabhair faoi deara fraoch na haon choise (St Dabeoc's heath). Bíonn fraoch na haon choise agus an bainne caoin le fáil suas chomh fada le 600 m ó leibhéal na farraige.

---

1 *garbhógach*/clubmoss   2 *Polygonum viviparum*
3 *féasóg na lao*/mountain avens
4 *cabáiste an mhadra rua*/St Patrick's cabbage
5 *fraoch na haon choise*/St Dabeoc's heath
6 *bainne caoin*/Irish spurge.

Aiteann
Furze

Is álainn an radharc é an t-aiteann faoi bhláth, é ina bhrat óir ar chnoic agus ar chlaíocha. Bíonn boladh cumhra* na mbláthanna ar an aer. Lá breá te mí Lúnasa, má éisteann tú go cúramach, cloisfidh tú na faighneoga aibí (ripe pods) ag pléascadh agus iad ag scaipeadh a gcuid síl. Seo é an t-aiteann gallda atá le fáil ina lán áiteanna ar fud na tíre. Ní fhásnan sé i gceantar na Boirne i gCo an Chláir. Planda níos lú is ea an t-aiteann gaelach. Tá sé timpeall 30–60 cm ar airde. Tugtar an t-aiteann mín air freisin. I ndeisceart na tíre is mó a bhíonn sé agus fásann sé níos airde ar na sléibhte ná an t-aiteann gallda. Bíonn a bhláth buí ar an aiteann gaelach san fhómhar. Ar an aiteann gallda bíonn bláth san earrach gach bliain.

Is minic a bhíonn nead an ghiorria i bhfolach i measc an aitinn ghaelaigh ar na cnoic. Déanann an dreoilín a nead go minic san aiteann gallda, agus le linn dó a bheith faoi bhláth, bíonn crónán na mbeach le cloisteáil ann freisin. Má bhíonn tú amuigh maidin drúchta, feicfidh tú na mílte líon damhán alla (spiders' webs) ag glioscarnach* faoi bhraoiníní uisce ar na toir aitinn.

Níl aon tábhacht* eacnamaíochta ag baint anois leis an aiteann. Fadó chuireadh an feirmeoir an t-aiteann gallda ag fás ina chuid páirceanna. Bhaineadh sé le corrán (reaping-hook) nó le speal (scythe) é nuair a bhíodh sé réidh. Ansin, ghearradh sé suas é ina phíosaí beaga, agus thugtaí mar bhia é do na capaill agus do na hainmhithe eile.

Furze was widely used as fuel. Old documents tell us that as far back as the seventeenth century, sheaves of furze were being sold as fuel in Irish cities. Because it lit quickly, gave an intense heat and left relatively little ash, it was very commonly used in baker's ovens. It was a favourite fuel for ceremonial fires. On May Day, cattle, particularly milch cows, were frequently driven between two furze fires. Alternatively, it was customary to light a furze branch and pass it underneath the udders of milch cows in order to ward off disease. On May Eve, when it was thought that the good people might steal butter and other dairy produce, furze blossom was used as a preventive charm.

Furze was the basis of a number of popular cures. Cough medicine was made by packing a jar with furze blossom sprinkled with Demerara sugar and simmering the tightly closed jar in a saucepan of boiling water. Worms could be cured by boiling a handful of furze in milk. This was strained and the liquid was taken first thing in the morning. Hoarseness was thought to be cured by swallowing the blossoms. Burning furze sticks, crossed or waved over the affected area, were thought to cure ringworm and similar skin ailments.

On a more practical level, clumps of furze were used to sweep chimneys and also as primitive harrows. A furze branch with a curved end served as a hurley. Furze blossoms were used in dyeing. Easter eggs were boiled in furze blossoms which turned them a bright yellow colour.

Furze is still used to mark the gallops in horse-training grounds. Long lines of furze are stuck into the ground across the training area about 200 m apart. Some bushes are removed for each training session. The horses gallop through the gap, and by removing different bushes every day, it is possible to ensure that no one section of the training ground is too heavily used.

---

1 *aiteann gaelach/western gorse* 2 *aiteann gallda/gorse* 3 *giorria agus a patachán/hare with leveret.*

Plandálacha
Plantations

There were approximately 137,500 hectares of woodland estate plantation in this country around 1880. About that time, the landlords encountered financial difficulties and tenant agitation so that large numbers of trees were cut down and sold. By the beginning of this century, it was clear that Ireland's depleted timber resources could only be restored by a vigorous forestry development programme directly sponsored by the state. The first step in the new campaign was taken with the acquisition in 1904 of the old Parnell estate in Avondale, Co Wicklow. Under native governments, the position gradually improved, and the campaign was further stimulated by the lack of imported timber during the second world war.

The most common species used in Irish forestry are the Sitka spruce and the lodgepole pine, both of which are natives of North West America. The lodgepole pine was formerly used as wigwam posts by North American Indians. These species are planted because they are rapid growers, are suitable to our climate and soils, and are good commercial trees. Their timber, white deal, is used for floors, chipboard, hardboard, and papermaking. The Scots pine produces red deal, of which great quantities are used in house building. This tree was at one time native to Ireland. Indeed its roots are still to be found in some of our turf bogs. The native strain died out thousands of years ago, and it was reintroduced from Scotland in 1650. The Norway spruce, which is the one we use as a Christmas tree, produces white deal, much used for flooring and construction work. The larch is our only deciduous conifer. The timber is excellent and is used for electricity and telegraph poles. The Sitka spruce is very important in Irish forestry. It provides excellent timber and unlike the Scots pine it is not affected by heavy rainfall. Its rate of growth is particularly rapid in Co Leitrim. The timber is used for making chipboard and paper pulp. It is also used for making boxes.

Fásann na crainn sin go maith in Éirinn. Toisc gur ar shleasa* na sléibhte atá formhór choillte na hÉireann, is iad sin na crainn is fearr a fhásann.

B'éigean na plandlanna (nurseries) a mhéadú go mór chun freastal ar an bhfeachtas* plandála, agus tá síolta crann á gcur ar na mílte heicteár ag an Roinn Talmhaíochta gach bliain anois chun crainn óga a chur ag fás. Sna plandlanna seo, réitíonn tarracóirí leapacha síl, agus leathann* siad an síol iontu. Cuirtear gaineamh glan garbh anuas air. Ag an am céanna, ullmhaítear áit dó sna coillte. Glantar toir as an mbealach agus draenáiltear an talamh más gá. Nuair a bhíonn gach rud ullamh, tógtar na crainn óga is fearr ón bplandlann. Ní bhaintear úsáid as aon phlanda a bhfuil a phréamh (root) lochtach*, nó a stoc* cam. Cuirtear na crainn óga sláintiúla ansin sa choill.

Ní chuirtear a lán crann le duilleoga leathana in Éirinn faoi láthair. Is fearr a oireann na cónaiféir do na coillte atá againn. Aibíonn* siad i bhfad níos tapúla freisin, agus bíonn an t-adhmad ag teastáil. Mar sin féin, cuirtear roinnt crann a bhfuil duilleoga leathana orthu. Bíonn cúpla sraith* den fheá agus den seiceamar ar imeall na bhforaoisí buaircíneacha go minic. Cuirtear crainn eile freisin atá ag fás in Éirinn leis na mílte bliain, an dair (oak) agus an leamhán (elm) nuair is féidir sin.

---

1 *plandáil de chuid an rialtais ar na sléibhte/ government plantation on mountainside*
2 *sprús Sitceach/Sitka spruce* 3 *sprús Lochlannach/Norway spruce*
4 *péine contórtach/lodgepole pine* 5 *learóg/larch.*

Páirceanna foraoise
Forest parks

Le blianta beaga anuas, osclaíodh a lán de na foraoisí stáit don phobal. Tá na páirceanna foraoise i gceantair áille, agus is iontach na háiteanna iad chun siúlóide agus chun picnice. Is é Avondale, Co Chill Mhantáin, an áit ar thosaigh athchoillitú (reafforestation) na hÉireann go foirmiúil. Tá crainn ó gach cearn den domhan le feiceáil anseo, agus is féidir cuairt a thabhairt ar Theach Avondale, mar a raibh cónaí ar Pharnell. Feicfidh tú *tobar na mianta* i nDún an Rí. I bPáirc na hArdadh in aice le Craoslach i gCo Dhún na nGall, fásann an fhoraois síos amach go dtí an cladach féin. Tá páirc mhór crann á leagan amach go heolaíoch* i bPáirc John F. Kennedy i Loch Garman, cóngarach* do bhaile dúchais na gCinnéideach. Agus tá páirc álainn cónaifear i nGuagán Barra. Tá cosáin dúlra leagtha amach sna foraoisí éagsúla ar fud na tíre. Cuireann an tSeirbhís Foraoise agus Fiadhúlra leabhráin agus bileoga eolais ar fáil faoi na páirceanna agus na cosáin dúlra. Tá siad an-suimiúil agus is féidir iad a fháil an-saor. Is maith is fiú iad a léamh sula dtéann tú ag siúl i measc na gcrann. Tabharfaidh na leabhráin seo eolas duit faoi na hainmhithe agus na plandaí éagsúla a fheicfidh tú sna páirceanna éagsúla. Gheobhaidh tú tuilleadh eolais faoi na hainmhithe agus na plandaí sin ar leathanaigh eile sa leabhar seo.

THE COUNTRY CODE

Ba cheart aird a thabhairt ar rialacha simplí áirithe nuair a bhíonn tú amuigh faoin tuath, agus is fiú dúinn na rialacha sin a thabhairt anseo. Tá gach riail acu seo léirithe sa phictiúr.

RESPECT THE RIGHTS OF LANDOWNERS   Remember all entry on lands is by permission of the landowner except where there is a right of way. Avoid unwelcome entry on private property. Never camp without permission of the owner.

KEEP TO PATHS   In farmland do not damage crops such as meadows, corn, roots, by walking through them. Keep to roads, paths and headlands.

CLOSE GATES IF YOU OPEN THEM   A gate left open allows stock to stray, to damage crops, to be lost or killed. It may also lead to road accidents.

DO NOT DAMAGE FENCES, HEDGES OR WALLS   Broken fences cause the same troubles as gates left open, and in addition, burden the farmer with repairs.

BE CAREFUL WITH FIRE   Do not smoke or light fires in woodland areas. Fire is particularly dangerous in dry spring weather. It can cause the loss of valuable timber and turf, and endanger animal and even human life.

LEAVE NO LITTER   As well as being unsightly, litter is dangerous, especially glass and tins which can injure, and plastics, which can choke livestock.

WATCH YOUR DOG   Dogs may worry and kill sheep, cause a cow to lose her calf or disturb wildlife.

RESPECT THE THINGS OF NATURE   Noise, movement, and dogs frighten off the creatures of the wild and deprive you of the pleasure of observing them at close quarters. Wild flowers are best enjoyed in their natural surroundings, and not picked. Avoid tramping on or breaking young trees or damaging the bark of older trees.

HAVE CONSIDERATION FOR OTHERS   Do not disturb the quiet of the country by noisy behaviour or with loud transistors. Avoid activities such as stone throwing which are a danger to others as well as to yourself.

TAKE CARE ON COUNTRY ROADS   Children, animals and farm machinery are frequently met on narrow byroads—so drive carefully. You should observe all warning and danger signs carefully.

Páirc Foraoise Loch Cé
Lough Key Forest Park

'Éirigí go tapa' arsa Mamaí. Léim na páistí as an leaba, agus ní fada go raibh an teaghlach ar fad ar an tslí go dtí Loch Cé, áit a raibh carbhán curtha in áirithe acu don deireadh seachtaine. Nuair a shroich siad an pháirc foraoise, chuir siad a gcuid bagáiste sa charbhán. Bhí lón deas acu sa bhialann atá ar an láthair, agus ansin amach leo ag siúl. 'Tá bóthar ag dul suas go dtí an lios* ar Chnoc na gCapall' arsa Daidí. 'Rachaimid ansin go bhfeicfidh sibh an uaimh thalún (souterrain).' Ar an tslí suas, mhínigh Daidí dóibh go bhfuil cineálacha éagsúla uaimheanna talún ann. Níl i gcuid acu ach aon phasáiste cúng* amháin agus seomra stórála ag an deireadh. Uaireanta eile, bíonn cuid mhaith seomraí faoi thalamh agus pasáistí eatarthu. D'úsáidtí iad chun bia a stóráil nó chun dul i bhfolach in am baoil.

Ar a slí ar ais ó Chnoc na gCapall, chuaigh siad ar an gcosán a ghabhann trí Dhoirín Darach. 'Deir an leabhrán gur coill dhuillsilteach í seo', arsa Peadar. 'Crann duillsilteach is ea crann a dtiteann a chuid duilleog de san fhómhar, ach feicim go bhfuil a lán cónaiféar ann freisin.' 'Cabhraíonn siad sin le fás na gcrann duillsilteach óg,' arsa Mamaí, 'agus nuair a ghearrtar iad, is féidir laíon adhmaid (wood pulp) a dhéanamh astu.' Chonaic siad go leor fianna i gclós ar thaobh a láimhe deise. 'Féach gur beag crann anseo a bhfuil duilleoga faoi bhun dhá mhéadar ón talamh orthu,' arsa Daidí, 'mar itheann na fianna iad.' 'Agus mar an gcéanna leis an eidhneán (ivy),' arsa Máire. 'Ní fheicim aon duilleoga air atá cóngarach* don talamh ach an oiread.'

Díreach sular tháinig siad ar ais go dtí an carrchlós, chonaic siad cathaoir na mianta. Léigh siad sa leabhrán eolais go ndeir daoine áirithe gur tugadh an chathaoir seo isteach ó Oileán an Díthreabhaigh, oileáinín bídeach* ar Loch Cé. Deir daoine eile, áfach, gur sa bhliain 1810 a thóg an té ar leis an talamh an uair sin í, mar bhronntanas dá iníon a bhí dhá bhliain déag d'aois san am. Pé ar bith slí ar tháinig sé ann, bí cinnte gur shuígh an teaghlach go léir inti agus gur chaith siad a nguíonna go dúthrachtach*. Má bhreathnaíonn tú ar an léaráid feicfidh tú an chathaoir seo chomh maith leis na bláthanna agus na crainn a fhásann timpeall an locha.

During the rest of the weekend, they wandered happily about the park, looking at the beautiful surroundings and listening for the birds that were hidden in the trees and undergrowth. They were fortunate enough to see the treecreeper, a bird which is found only in a woodland habitat, and which hunts by walking up the trunks and branches of trees hunting for insects in the crevices of the bark. They heard the songs of the wren and the willow warbler, and the squawk of the pheasant. They sat on the edge of the lake and watched ducks, coots, moorhens and swans. They visited the fascinating bog gardens, and on their last day, climbed to the top of the observation point, Moylurg Tower, and tried to pick out all the places they had visited.

'What park will we visit next?' asked Peadar as they drove homewards. 'Guagán Barra in Cork, perhaps' said Mammy. 'It is very mountainous and beautiful. Saint Finbar built a monastery there in the sixth century, and that is how it got its name.' 'Guagán is a totally coniferous plantation,' said Daddy, 'as its soil is too poor to support deciduous trees. We will send for the booklet and read all about it before we visit it.'

Féaraigh na sléibhte
Mountain pastures

Wherever you go in the hills in summer, there are likely to be sheep not far away. In the south and west, black-faced sheep with horns are on all our mountains. They can subsist on the poorest land, nibbling grass and heather from among the rocks. They are less given to keeping in flocks than other breeds and will be seen scattered in twos and threes over the grazing ground. The wool is coarse and is used mainly for carpet making. In the olden days this wool was washed, carded and spun at home. The yarn was woven into the fabric now known as báinín or used to knit socks and jumpers. The modern Aran jumper and our famous Irish tweed are the descendants of the traditional cottage industries.

The Wicklow Cheviot sheep are descended from a native breed of fine wool mountain sheep which were crossed with imported Cheviot rams. They are small, all-white sheep, very hardy and nimble-footed, with the ability to maintain themselves on sparse mountain grazing through the winter. The Galway sheep are also all white, but, unlike the Wicklow, have a tuft of wool on the forehead. Roscommon sheep are all white, large, long-legged animals, rarely seen outside their native county. Galways and Roscommons are lowland sheep, and would not thrive on the mountains.

Sheep shearing is done in the month of May, when the weather has become warmer. Later, the sheep must be dipped, or immersed in a tank of disinfectant to kill the mites which cause scab, and other skin parasites.

Sheep have always been popular as food, and in recent years the market for lamb has increased enormously.

Bíonn cuid de na sléibhte níos fearr ná a chéile do na caoirigh mar bíonn níos mó féir orthu. Is iad na cineálacha féir is fearr dóibh ná feisciú caorach (sheep's-fescue), beinteach choiteann (common bent grass) agus an féar cumhra (sweet vernal-grass). Bíonn boladh breá ón bhféar seo i dtús an earraigh. Ní maith leo an fhiteog (mat-grass) in aon chor. Féar righin* is ea é seo a fhásann ar an-chuid sléibhte.

Fásann go leor plandaí eile ar na sléibhte freisin. Fásann raithneach* go tiubh ar na sleasa* ísle. Feicfidh tú a lán caonaigh (moss). Má bhíonn an talamh fliuch fásfaidh go leor luachra (rushes) ann. Bíonn an fraoch (heather) le feiceáil ann agus an t-aiteann gaelach, agus is álainn an radharc iad nuair a bhíonn siad faoi bhláth. Meallann* na bláthanna na beacha. Tá an-mheas ar an mil a dhéantar as bláthanna an fhraoigh agus tugann beachairí (bee-keepers) a gcuid coirceog (hives) chun na gcnoc nuair a bhíonn an fraoch faoi bhláth. Feicfidh tú leamhain, an ubhóg thuaisceartach (northern eggar moth) mar shampla. Bíonn féileacáin freisin ann, an fraochán beag (small heath butterfly) agus an stiallach uaine (green hairstreak butterfly). Bíonn cruimheanna na leamhan seo flúirseach go maith. Is breá leis an rúcach (rook) iad le hithe. Tagann siad amach leis na gearrcaigh* ar na sléibhte gach lá chun béile maith cruimheanna a bheith acu.

Feicfidh tú an naoscach (snipe) agus an crotach (curlew) ar na sléibhte freisin agus b'fhéidir go bhfeicfidh tú nead na riabhóige (pipit) san fhéar. Lá breá samhraidh, cuirfidh ceol na fuiseoige (lark) aoibhneas ar do chroí agus í ag éirí óna nead suas go hard sa spéir agus port* aoibhinn á chanadh aici.

---

1 stiallach uaine/green hairstreak butterfly
2 fraochán beag/small heath butterfly 3 Máirín na smeach/click beetle
4 beach/bee 5 tom fraochán/bilberry
6 feisciú caorach/sheep's-fescue 7 beinteach choiteann/bent grass
8 féar cumhra/sweet vernal-grass.

Cúrsa na habhann
Rivers—origins and stages

Here and there a stream is born in a spring. This is a spot where rain-water, which has sunk into the mountain rock, finds its way out lower down. In some places, the water that springs out of the mountainside spreads out to form a patch of waterlogged ground known as a flush. The Liffey rises in such a flush. Areas like these often provide a habitat for rather special plants which thrive in the water which is rich in oxygen and minerals. The force of gravity draws the water down-hill and tiny streams join in to form a tributary. These again join up, and eventually the broad river emerges from the foothills and meanders across the plain to the sea.

The young river in the mountains is fast and lively. It sounds merry and musical as it splashes and bubbles around and over pebbles and boulders. It is usually shallow, and even in summer the water is clear and cold. Because the stream is so fast-flowing, most of its plants and animals are hidden, clinging to the stones and rocks to avoid being swept away. When in spate, these pleasant mountain streams can turn quickly into roaring torrents carrying mud, stones and even boulders on their headlong way. Heavy rain can change tiny trickles into dangerous torrents like this in the space of a couple of hours.

Sníonn* na srutháin sléibhe seo isteach sna lochanna. In áiteanna áirithe, tá lochanna déanta ag an duine tar éis dó dambaí a thógáil chun an t-uisce a choimeád siar. Taiscumar a thugtar ar an stór mór uisce seo. Úsáidtear na taiscumair chun hidrileictreachas a ghiniúint*, agus chun uisce a chur ar fáil do na bailte móra agus do na cathracha. Gintear leictreachas, mar shampla, ag Loch Phoill an Phúca, agus tá taiscumar in aice leis an Tóchar i gCo Chill Mhantáin chun uisce a chur ar fáil do cheantar Bhaile Átha Cliath.

Tar éis tamaill sníonn an abhainn óg amach ar an talamh réidh. Ní bhíonn fána* chomh géar anseo, agus ní bhíonn an abhainn ag gluaiseacht chomh tapa sin. Sníonn sí anonn is anall in áit dul caol díreach i dtreo na farraige. Bíonn an gleann níos leithne agus an t-uisce níos doimhne sa chuid seo de chúrsa na habhann. Le linn báistí is minic a sceitheann* sí thar na bruacha amach ar an talamh réidh. Déanann an tSionainn é seo, agus cuireann sé as go mór d'fheirmeoirí na dúiche sin.

Sníonn an abhainn go mall réidh nuair a bhíonn sí ag druidim chun na farraige. Bíonn sí cosúil leis an litir S agus í ag dul anonn is anall ó thaobh go taobh an ghleanna. Bíonn machaire leathan réidh ar gach taobh di. Bíonn sí ag éirí níos leithne an t-am go léir. Leagann sí síos sraitheanna* tiubha gláir*. Bíonn fásra* tiubh ar na bruacha freisin, idir chrainn agus thoir agus phlandaí, mar bíonn cothú* maith le fáil acu sa láib. Bíonn go leor ainmhithe san fhásra seo freisin.

Inbhear a thugtar ar an áit a dtéann an abhainn isteach san fharraige. Bíonn cuid mhaith sáile* measctha leis an bhfionnuisce* in inbhear abhann, áit a mbíonn an taoide isteach is amach ina béal. Bíonn borrthonnta (bores) in aibhneacha áirithe agus casann an fharraige uisce na habhann ar ais uirthi féin.

---

1 *foinse na habhann agus srutháin sléibhe/source of river and mountain streams* 2 *loch saorga/artificial lake* 3 *damba agus stáisiún ginte/dam and generating station* 4 *an tseanabhainn sula ritheann sí isteach san fharraige/the old river before it enters the sea.*

Óige na habhann
The young river

Bíonn uisce na sruthán sléibhe glan agus éadomhain*. Bíonn sé saibhir in ocsaigin. Ní bhíonn mórán ainmhithe ná éisc le fáil ann mar sin féin. Bíonn an t-uisce ag gluaiseacht róthapa dóibh. Chomh maith leis sin, bíonn clocha agus gairbhéal* i sruthán áirithe, agus is deacair do phlandaí fréamhú* iontu. Tá algaí agus caonach ar na plandaí is coitianta, agus bíonn siad ar thaobh na fothana* de na clocha de ghnáth. B'fhéidir go bhfeicfeá an néal uisce (common water-crowfoot) anseo is ansiúd sna locháin bheaga. Tá duilleoga na bplandaí seo cosúil le snáithíní* beaga, agus síneann siad le sní na habhann. Fásann luachra (rushes), saileach (willow), agus caonach (moss) ar na bruacha. Feicfidh tú an fraoch agus an raithneach* freisin, go háirithe an ghallraithneach (royal fern) agus creamh na muice fia (hart's tongue). Bíonn an ceannbhán (bog-cotton) faoi bhláth i dtús an tsamhraidh, agus é cosúil le hollann chadáis ar a ghas* tanaí.

Is iad na feithidí agus na seilidí na hainmhithe is coitianta sa chuid seo den sruthán. Greamaíonn an bairneach fionnuisce (freshwater limpet) de na clocha agus itheann sé na halgaí a fhásann orthu. Súnn* sé a chuid ocsaigine as an uisce faoi mar a dhéanann iasc.

Má iompaíonn tú cuid de na clocha beaga sa sruthán bunoscionn, feicfidh tú na feithidí beaga a bhíonn ina gcónaí thíos fúthu. Bailíonn larbhaí na cuile cadáin (caddis fly) agus na cuile cloiche (stonefly), clocha agus cipíní beaga adhmaid timpeall orthu féin uaireanta chun teach a dhéanamh. Uaireanta eile sníomhann* siad líon beag trasna ar scoilt* sa chloch, agus greamaíonn siad iad féin de. Sa chaonach (moss) a mhaireann larbha na míoltóige (midge) agus cosnaíonn* an caonach ón sruth é. Bíonn nimfeach na cuile Bealtaine (mayfly) faoi na clocha freisin. Tagann na cuileanna seo amach i mí na Bealtaine díreach mar a cheapfá ón ainm agus bíonn siad ina scamaill dhubha os cionn na sruthán go minic.

Fish in these fast-flowing rivers are usually small, and like the larvae are given to hiding under stones. Brown trout are common, but they are often tiny—no longer than a human finger. Did you know that fish, unlike most other animals, go on getting bigger all their lives provided they have enough food? The larger brown trout are very popular with fishermen. The bait used is an artificial fly attached to the hook at the end of a line. This is flicked over the water in the hope that the trout will rise and catch it. You will rarely catch a glimpse of the brown trout in the stream, because its speckled colouring provides an excellent camouflage. Eels can also be found fairly frequently, and like trout in a mountain stream, they are generally small.

Of the birds that inhabit the mountain streams, the most interesting is possibly the dipper. This is a dark brown bird with a white breast, and it is about the size of a thrush. You will notice it bobbing up and down constantly as it stands on the stones. It can actually dive under water and walk along the river bed in search of its food. It nests on the river bank.

The grey wagtail also inhabits the mountain streams. It feeds on tiny animals at the water's edge, but it also flutters up to take flying insects.

---

1 *cuil chloch/stonefly* 2 *cuil Bhealtaine/mayfly*
3 *larbha na cuile cadáin/caddis fly larva* 4 *larbha na cuile Bealtaine/mayfly larva* 5 *larbha na cuile cloiche/stonefly larva*
6 *seilide*—Theodoxus fluviatilis/*snail*—Theodoxus fluviatilis
7 *glasóg/grey wagtail* 8 *raithneach/fern*
9 *creamh na muice fia/hart's tongue*
10 *crann sailí/willow tree.*

Scothaois na habhann
The mature river

Life along the lowland part of a river seems to move at a slow leisurely pace. The cattle come down to drink, to cool off in the water, or to stand in the shade. This is where the children and their parents came on a picnic one Sunday afternoon. They brought their fishing rods, and after their meal, Daddy baited the children's hooks with the worms they had dug earlier in the garden. They sat trailing their lines in the water hoping to catch a pike, a perch or a rudd. A little further downstream, a man was fly-fishing. 'He is fishing for trout, I think' said Daddy. 'They are plentiful in this river.' 'Did you know that the only species truly native to Irish rivers are the salmon, the trout and the sea trout, the eel, the stickleback and the lamprey?' asked Mammy. 'The fish we are most likely to catch today are not native to Ireland. These include the rudd, the bream and the tench which have been brought in since the Anglo-Norman invasion.'

'Pike and perch hide among the reeds at the water's edge' said Daddy. 'They are hunters and when a smaller fish swims by, they pounce on it. The rudd can weigh up to a kilogram, and feeds on water plants and small fish like the minnow, the stickleback, and the trout.'

As the afternoon wore on they amused themselves by identifying as many of the water plants as they could. The children recognised the watercress with its weak stems trailing in the water. 'Watercress is edible,' said Mammy, 'but you should not experiment with it, as there are many other cresses which look very similar and are poisonous.'

They saw the dropwort and the brooklime growing in the water at the edge of the river.

'Beireann a lán feithidí a gcuid uibheacha in uisce na habhann' arsa Daidí. 'Larbhaí a thugtar ar na feithidí óga, agus bíonn siad éagsúil go leor leis na feithidí fásta. Ní bhíonn aon sciatháin orthu, mar shampla. Fásann na sciatháin go mall orthu, agus titeann an craiceann díobh cúpla uair sula mbíonn siad fásta go hiomlán. B'fhéidir go bhfeicfeá ceann de na craicne folmha seo i measc na bplandaí ar imeall* an uisce.'

Díreach ag an nóiméad sin, tháinig snáthaid mhór (dragonfly) ag eitilt trasna na habhann. D'fhan sí tamall ar foluain* san aer, agus d'imigh sí léi ansin i measc na dtor*. 'Nach iontach an t-eitleoir í sin?' arsa Mamaí. 'Is féidir léi taisteal ar a cliathán*, nó fiú amháin a bheith ar foluain* ina stad san aer ar nós héileacaptair.' 'Itheann sí cuileoga* agus féileacáin,' arsa Daidí. 'Beireann sí orthu san aer. Dála an scéil, beireann sí a cuid uibheacha san uisce, agus nimfeacha a thugtar ar na larbhaí a bhíonn aici. In áiteanna ciúine mar seo ar aibhneacha, ar lochanna agus ar locháin a bhíonn na nimfeacha. Déan uisceadán* agus is féidir leat na nimfeacha a choimeád ann ach píosaí beaga feola nó ainmhithe bídeacha* uisce a thabhairt dóibh le hithe. Fág bata beag ina sheasamh san uisceadán agus b'fhéidir go bhfeicfeá an nimfeach ag dreapadh amach air lá éigin agus í ag athrú isteach ina feithid fhásta.'

'Bíonn nimfeach na cuile Bealtaine (mayfly) agus larbhaí na doirbe (water beetle) agus an bhádóra (water boatman) freisin in uisce na habhann' arsa Mamaí. 'Agus, gan amhras, taitníonn an chuid seo den abhainn go mór leis an seilide locháin (pond snail).'

---

1 péirse/perch 2 bádóir/water boatman 3 loimpre/lamprey 4 liús/pike 5 larbha an tumadóra mhóir/larva of great diving beetle.

Seanaois na habhann
The old river

'Téanam,' arsa Máire le Mamaí. 'Táim tuirseach den iascaireacht! An rachaimid ag siúl tamall?' 'Maith go leor' arsa Mamaí, agus seo leis an mbeirt acu síos i dtreo na habhann. Bhí crainn mhóra sailí (willow) agus fearnóige (alder) ag fás ar imeall* an uisce. 'An maith leis na crainn sin an taise*?' arsa Máire. 'Is maith' arsa Mamaí. 'D'úsáideadh daoine a lán sailí fadó. Dhéanaidís a gcuid cliabh* agus ciseán agus potaí gliomach. Ba iad na slata óga glasa ab fhearr mar bhí siad solúbtha*. Bhí seanfhocal acu "an tslat nuair a chruann le haois is deacair í a shníomh ina gad."' 'Bhí mé ag féachaint ar chlár teilifíse tamall ó shin' arsa Máire 'agus dúirt caoladóir (basket-maker) a bhí air nach bhfuil dóthain slata* sailí le fáil aige in Éirinn anois agus go gcaitheann sé iad a cheannach ó thíortha eile. Nach aisteach* sin, agus a bhfuil de na crainn sin ar bhruacha na n-aibhneacha!'

'Ní raibh a fhios agam go bhfásann an feileastram (yellow iris) istigh san abhainn féin,' arsa Máire nuair a chonaic sí paiste mór de na bláthanna san uisce éadomhain* ar chiumhais* na habhann. Is é an t-uisce a scaipeann an síol,' arsa Mamaí. 'Titeann an cochall (pod) síl isteach san uisce agus imíonn sé le sruth go dtí go ngreamaíonn sé sa láib áit éigin agus fásann planda nua. Tá gas faoi thalamh ar an bhfeileastram agus leathann sé amach ar bhruach na habhann.' Chonaic siad go leor de na giolcacha (reeds). Bíonn siad flúirseach i gcónaí in áiteanna fliucha agus ar bhruacha abhann mar a bhfuil an t-uisce ciúin. Anseo agus ansiúd bhí coigeal na mban sí (bulrush) agus ceann ramhar dubh air. 'Caithfidh mé cuid díobh siúd a thabhairt ar scoil,' arsa Máire. 'D'fhéadfaimis iad a úsáid sa rang ealaíne.'

'Cén boladh é seo?' arsa Mamaí, agus bhain sí duilleog agus bhrúigh sí idir a méara í. 'Mismín (mint)!' arsa Máire agus ionadh uirthi. 'Sin é an mismín dearg,' arsa Mamaí. 'Tá gaol aige leis an luibh atá ag fás sa ghairdín sa bhaile againn.'

A heron which must have been disturbed at their approach rose into the air with a great deal of splashing. 'It must have been fishing,' said Mammy, 'I hope it had better luck than we did!' She went on to say that many other birds can be seen in or near rivers. 'You will find the coot there and the moorhen. Warblers are summer visitors which come from Africa. They nest near the water, and can have as many as seven eggs in a clutch. You will recognise their loud and musical song.'

Although they knew that otters inhabited that section of the river, they caught no glimpse of one. 'They are nocturnal' said Mammy. 'We might see one very late in the evening.' They had, however, heard a great deal of rustling in the undergrowth and decided it must have been made by the rats which live along the river banks. These are the common rats which are plentiful near human dwellings. There are no water-rats in this country.

They were now within sight of the sea and felt that it was time to return to the fishermen. Máire paused to look at the purple-loosestrife that was growing plentifully on the marshy land along the river's edge. It has beautiful spears of reddish purple flowers. 'In this stretch of the river' said Mammy, 'as well as the freshwater fish—bream, rudd and tench—you can sometimes find sea-fish which can travel some distance upstream—flounder and grey mullet for instance. And you may see the occasional cormorant, though it is normally a sea bird.'

---

1 crainn sailí/willow trees 2 corr réisc/heron
3 coigeal na mban sí/bulrush 4 feileastram/yellow iris
5 cearc cheannann/coot 6 créachtach/purple-loosestrife
7 madra uisce/otter 8 luachra/rushes 9 lochall/brooklime
10 mismín dearg/water mint.

Éanlaith fionnuisce 1
Freshwater birds 1

In a concealed place along the river bank you might come across a round, mossy nest almost completely covered except for a small hole. Inside it there could be from four to seven white eggs belonging to the dipper.

The dipper is a fairly common bird in Ireland along swift-flowing mountain streams. He constantly bobs up and down when perched—usually on stones and rocks in the stream—and he is recognisable by his short tail cocked slightly upwards and his white breast.

Dath donn dorcha a bhíonn ar an gcuid eile den ghabha dubh, cé go gceapfá gur dubh a bhí sé nuair a d'fheicfeá i bhfad uait é. Tá an gabha dubh in Éirinn níos dorcha fiú ná na gaibhne dubha i Sasana, in Albain agus sa Bhreatain Bheag. Is sa samhradh amháin a chanann formhór na n-éan ach bíonn glao an ghabha dhuibh le cloisteáil i rith an gheimhridh.

Although the dipper does not have webbed feet he can swim on the surface of the water. As mentioned before he is even able to walk underwater along the riverbed, where he searches for insects and small fish under the stones.

Is gnách leis an ngabha dubh dhá ál* a thógáil sa séasúr. Nuair a bheirtear na huibheacha sa nead gortar* iad ar feadh coicíse nó mar sin. Déanann an dá éan bia a chur ar fáil do na gearrcaigh óga. I gceann trí seachtaine bíonn siad ábalta eitilt.

Tá sé furasta an chorr réisc (heron) a aithint. Éan mór liath le cosa fada tanaí agus muineál fada is ea í, agus cíor fhada dhubh ar a ceann. Ainmneacha eile ar an éan seo is ea Máire fhada agus Síle na bportach. Feictear go coitianta í ag siúl san uisce éadomhain, ag lorg froganna, eascann nó iasc ar an gcósta. Bíonn sí le feiceáil ar aibhneacha, ar lochanna agus sna hinbhir*.

Herons usually build their nests near one another in tall trees. There could be twenty or more nests together in a colony which is known as a heronry. In places where there are few trees—in Connemara, for example—they nest in smaller trees, in bushes and on the ground.

The female heron lays between three and five eggs in early spring. Both adults help to hatch the eggs. When the young appear the adult birds take it in turn to go fishing. Instead of returning with a frog or fish in their bills they swallow their food and regurgitate it when they reach the nest. The young usually learn to fly within two months.

The kingfisher is an unmistakable bird with brilliant blue and green feathers on its back, and chestnut-coloured underparts. It has a large head on a small body, and small, bright red feet. It perches on branches or poles near the water and plunges headlong into the river to catch small fish or insects.

Éan fíorálainn is ea an cruidín. Is maith leis srutháin agus aibhneacha a bhíonn lán d'éisc. Neadaíonn* an cruidín i bpoll a dhéanann sé ar bhruach na habhann agus beireann sé óna trí go dtí a hocht d'uibheacha ann.

Bhí ag faire amach do na héin seo agus tú ar bhruach na habhann.

---

1 *corr réisc*/heron 2 *cruidín*/kingfisher 3 *gabha dubh*/dipper.

Éanlaith fionnuisce 2
Freshwater birds 2

The children were talking about all the living things they had seen on the river banks, and the teacher suggested that they write their information down and illustrate it so that the whole class would benefit. Peadar decided to do a project called *Water Birds*.

He began with the wild or mallard duck, and he described the beautiful plumage of the drake with his rich emerald head and white collar. He discovered that the dull colour of the female was a useful camouflage when she was nesting by the waterside. He also found that when the parent ducks have finished nesting, they moult. Their wing feathers fall out and while new ones are growing the ducks are unable to fly. The drake, whose plumage would make him look too conspicuous at this time changes colour for a few weeks to look like the female. This is called eclipse plumage.

He wrote that the mallard is a surface duck, and does not normally go under water in search of food. It merely tilts its body up on end, so that you can see its tail in the air while it is feeding. He described the two diving ducks that he had seen. The tufted duck is black and white and has a crest on its head. The pochard drake has a grey body with a chestnut head and neck. Both of these ducks often bob under water to search for food on the bottom.

Amuigh ar an uisce a fheicfidh tú na lachain, ach is fearr leis na cearca uisce scáth na luachra (rushes) agus na ngiolcach (reeds). Tá gob geal dearg ar an éan seo agus cosa leathana chun siúl ar thalamh bog. Dath bán atá ar íochtar a eireaball. Bíonn an t-eireaball ag bogadh síos suas nuair a bhíonn an chearc uisce ag snámh agus deirtear go leanann na sicíní an ball* bán agus mar sin nach dtéann siad amú.

Bíonn an chearc cheannann (coot) le feiceáil go minic ar lochanna agus ar thaiscumair*. Le tamall de bhlianta bíonn sí ar locháin i mbailte móra freisin, go háirithe le linn an gheimhridh. Éan mór dubh is ea í, ach tá a gob agus a haghaidh bán. Tá plapaí (flaps) aici ar mhéara na gcos a chabhraíonn léi snámh.

Bíonn an spágaire tonn (little grebe) ag tumadh isteach san uisce agus ag iascach. Bíonn a nead ar snámh ar bharr an uisce. Clúdaíonn sé a chuid uibheacha le plandaí feoite* sula bhfágann sé an nead chun dul ag iascach.

Ansin, scríobh sé píosa fada faoin eala. Bhí an eala bhalbh (mute swan) sa tír seo riamh agus tagann an eala Bhewick agus an eala ghlórach (whooper swan) ar cuairt chugainn. Is beag glór a dhéanann an eala bhalbh. Is ag siosarnach* agus ag srannadh* is mó a bhíonn sí. Tá scéal ann go gcanann na healaí seo aon amhrán amháin sula bhfaigheann siad bás; ach níl an scéal sin fíor. Sa Bhealtaine a thagann gearrcaigh* na heala amach. Feicfidh tú na neadacha móra ar bhruacha abhann agus canála. Dath donn a bhíonn ar na gearrcaigh ar dtús, ach éiríonn siad níos gile de réir mar a fhásann siad.

Mhínigh Peadar ar deireadh gur cuid de shaol na habhann na héin seo ar fad. Itheann siad plandaí, iasc, agus feithidí na habhann. Má theastaíonn uait radharc maith a fháil orthu, fan i do shuí go ciúin ar an mbruach. Luath nó mall feicfidh tú iad ag ithe nó ag ól.

---

1 *eala agus a héin/swan and her cygnets*   2 *mallard/mallard*
3 *póiseard/pochard*   4 *lacha bhadánach/tufted duck*
5 *cearc cheannann/coot*   6 *cearc uisce/waterhen*.

An bradán, an eascann
The salmon, the eel

Is é an bradán rí na n-iasc, agus bhí meas riamh in Éirinn air. Chuala tú faoin mbradán feasa sa Bhóinn óna bhfuair Fionn an fios. Agus an raibh a fhios agat go bhfuair Léim an Bhradáin a ainm ón iasc céanna? Ba é *Laxhlaup* an seanleagan Lochlainnise ar Léim an Bhradáin, agus uaidh sin a tháinig an Béarla *Leixlip*. Iasc imirce is ea an bradán. Ní chaitheann sé an bhliain go léir in aon áit amháin. Tagann sé isteach ón Aigéan Atlantach chun sceitheadh* in aibhneacha na hÉireann. Turas fada, tuirsiúil is ea é. Bíonn sé dainséarach freisin. Bíonn iascairí ag iarraidh breith air le slata* agus le líonta. Bíonn an rón (seal) agus an madra uisce (otter) ar a thóir* freisin. Uaireanta téann an loimpre abhann (lamprey) i ngreim ann. Saghas éisc is ea an loimpre atá ábalta í féin a ghreamú de chorp an bhradáin chun é a ithe. Bíonn ar an mbradán léim thar eas* agus thar chora*.

Sceitheann an bradán i bhfad suas san abhainn. Tarlaíonn sé seo idir mí Mheán Fómhair agus mí Feabhra. Ansin tugann na bradáin aghaidh ar an bhfarraige arís agus iad tuirseach tnáite. Ní fada a bhíonn siad san fharraige, áfach, go bhfilleann a neart agus a sláinte orthu. Is spéisiúil an rud é nach n-itheann an bradán aon bhia nuair a bhíonn sé san fhionnuisce. Maireann an troscadh* seo cúpla mí!

San earrach a thagann na bradáin óga amach as na huibheacha. Caitheann siad thart ar dhá bhliain timpeall ar an áit ina saolaítear iad. Ag deireadh na haimsire sin, cuireann sé chun farraige, áit a bhfásann sé go dtí go mbíonn sé réidh chun filleadh ar an bhfionnuisce arís. Creidtear go bhfilleann bradán i gcónaí ar a abhainn dúchais, agus ní thuigeann aon duine fós conas a aimsíonn* sé an abhainn cheart agus é ag taisteal isteach ón bhfarraige mhór.

The migratory pattern of the eel is the opposite to that of the salmon. The eel is born at sea, migrates to freshwater rivers and lakes, and returns to the sea to spawn and die. The eel makes only one round trip, whereas the salmon may make several. European eels spawn and are hatched in the Sargasso Sea. The spawning has never actually been observed, and is believed to take place at great depths. The larvae take two years to reach our shores with the assistance of the Atlantic currents. As they reach the coast, each larva turns into a baby eel called an elver. They travel upstream in large numbers and can be found in almost all Irish rivers, lakes and ponds. There they remain for periods of between ten and thirty years, until they reach maturity and head for the sea again. They eat the larvae of river insects, snails, and even larger fish, such as perch, small eels, and rudd. Eels are nocturnal hunters and they have a very highly developed sense of smell which helps them to locate their prey.

When it is time for them to return to the sea to spawn, they are usually between 45 and 75 cm long and weigh between 1.5 and 3 kg. Eels are a blackish purple colour on the upper parts, shading to whitish or silver below. On dark autumn nights, especially when heavy rain has swollen the rivers, countless thousands of eels slip down to the sea. A curious factor in this movement is that eels are capable of travelling considerable distance across wet grass, if, for some reason, they find their river passage obstructed. It is on this downstream migration that they are caught by fishermen using a variety of traps and nets. Jellied or smoked eel is a very popular food in many countries.

---

1 *bradán*/salmon 2 *eascann*/eel
3 *céimeanna fáis an bhradáin*/stages of growth of salmon
4 *céimeanna fáis na heascainne*/stages of growth of eel.

An garmachán
The stickleback

Is dócha go bhfuil aithne ag gach páiste in Éirinn ar an ngarmachán, nó ar an bpincín mar a thugtar air in áiteanna. Theastaigh ó Mháire agus ó Pheadar an garmachán a scrúdú go cruinn agus mar sin thóg siad uisceadán (aquarium) sa bhaile. Líon siad báisín le huisce, agus chuir siad gaineamh, clocha, agus plandaí uisce isteach ann. Ansin fuair siad líonta agus prócaí* agus síos leo go dtí an abhainn ag iascach. Fuair siad cúig nó sé gharmachán agus thug siad leo abhaile iad le cur san uisceadán.

Bhí na héisc bheaga seo an-spéisiúil le bheith ag faire orthu. Bhí dhá cheann fhireanna ann—d'aithin na páistí iad ón scornach agus ón mbolg dearg a bhí orthu. Seáinín agus Dónaillín a thug siad ar an dá iasc seo. I mí na Bealtaine, bhí fuadar* an domhain faoi Sheáinín agus faoi Dhónaillín. Roghnaigh siad áit an duine chun nead a thógáil. Seo mar a thóg siad na neadacha; shrac* siad píosaí de na plandaí uisce lena mbéal agus rinne siad cairn bheaga díobh ar urlár an uisceadáin. Ghreamaigh siad na píosaí le chéile le leacht greamaitheach (sticky substance) a scaoil siad as a gcorp. Anois is arís, líon siad a mbéal le gaineamh agus chuir siad ar an nead é. Nuair a bhí carn mór de na píosaí beaga, sháigh* siad a srón isteach ann chun doras a dhéanamh. Aon uair a chuaigh Seáinín in aice le nead Dhónaillín, bhí raic ann! Sheas Dónaillín ar a cheann, d'ardaigh sé an dá spíon* a bhí ar a dhá chliathán agus chuir sé an ruaig ar Sheáinín.

Ba é Seáinín an chéad iasc a fuair céile (mate) dó féin. Rinne sé saghas rince timpeall ar iasc baineann. Ansin bhog sé ó thaobh go taobh í chun í a stiúradh i dtreo na nide. Bhí an t-iasc baineann breá sásta leis an socrú sin, mar bhrúigh sí a slí isteach trí dhoras na nide agus lean sí uirthi go raibh a ceann amuigh an taobh eile. 'Ó, an óinseach!' arsa Máire, 'tá an nead loite aici.' Ach ní raibh an nead loite. Rug sí a cuid ubh, amach léi, agus níor tháinig sí in aice leis an nead riamh ina dhiaidh sin.

Seáinín, however, took great care of the eggs. Now and then the children noticed him tilting his body, facing the opening of the tunnel with his head downwards. By waving his body and his fins, he sent currents of water through the tunnel the female had made when leaving the nest. This movement of water kept the eggs cool and aerated.

At last the eggs hatched into a shoal of tiny fry and poor Seáinín was like the old woman who lived in a shoe; he had so many children he did not know what to do. He defended them from the other fish, whom he evidently considered to be enemies. He had to be careful that they did not wander too far from the nest. He chased down any stragglers, gathered them up in his mouth and spat them out close to the nest without hurting them. 'He is a marvellous daddy' said Peadar. Finally, when the young were old enough to look after themselves, Seáinín was able to relax and let them swim about as they wished. The children removed the young fish from the aquarium, and released them in the river. They knew that one day the lucky ones that escaped being eaten, would themselves build nests and lay eggs.

---

1 *garmachán fireann/male stickleback*
2 *nead/nest*
3 *garmachán baineann ag breith a cuid uibheacha/female stickleback laying eggs.*

Toibreacha, aibhneacha
Wells, rivers

Did you know that the name Dublin comes from *Dubh-linn* meaning the dark pool? Many of our placenames are similarly associated with rivers, streams, lakes or pools. Glasnevin, for example, means the *glaise* (stream) of Naeidhe, who must have been an old pagan chief in the area. Glasthule, near Dún Laoghaire, is the stream of Tuathal and Douglas outside Cork is *Dubh ghlaise*, the dark stream. *Abha*, the most common word for a river frequently occurs in placenames—*Baile na hAbhann*, for example, the town of the river. There is in fact, a small river in Wicklow known simply as the Ow—the original Irish name still survived intact.

Carlow or *Ceatharlach* is said to have been the name given to four lakes which the Barrow formed there in ancient times and of which there is now no trace. Loughrea in Galway comes from *Loch Riabhach*, a grey lake. Loughanaskin near Athlone in Co Westmeath, is *Loch na nEascann*, the lake of the eels. Turlough is a term applied to a lake which, in summer, dries to a coarse, scrubby, marshy surface, often used for pasture. From this we get names such as Ballinturly in Co Roscommon, or Turloughmore in Co Galway.

Bhí an-mheas ag na Gaeil fadó ar na toibreacha. Áiteanna naofa ba ea cuid mhaith díobh, agus ní haon ionadh mar sin go bhfaighimid go minic i logainmneacha* iad. Fuair Tobar an Choire i gCo Shligigh a ainm toisc go bhfuil cruth coire nó pota mhóir air. Tá Tobar Leamhnachta i gCo Chill Mhantáin. Bainne milis is ea an leamhnacht, agus is dócha go bhfuair an tobar a ainm toisc go raibh an t-uisce chomh blasta sin ann. Insíonn an t-ainm Tobar an Bhile, in aice leis an Móta i gCo na hIarmhí, dúinn go raibh bile nó crann an-tábhachtach ag fás le hais an tobair fadó.

Chreidtí go raibh leigheas le fáil as uisce toibreacha áirithe, agus go ndéanadh a gcuid uisce maitheas don tsláinte. Tá saibhreas mór mianraí* in uisce toibreacha áirithe agus thugadh mórán daoine turas orthu chun an t-uisce a ól nó chun folcadh a ghlacadh. Bhí spá cáiliúil i Leamhcán, Baile Átha Cliath fadó, agus tugann a lán daoine turas ar Lios Dúin Bhearna fós féin chun an t-uisce a ól.

Bhí toibreacha ann freisin a raibh leigheas ar ghalair faoi leith iontu. An té a raibh na buíocháin (jaundice) air, mar shampla, gheobhadh sé leigheas as uisce Thobar Buíóige atá in aice le Ceanannas i gCo na Mí. Focal eile ar na buíocháin sa cheantar ba ea *buidheog*, agus ainmníodh an tobar as an leigheas. Tá Tobar na bhFaithní cóngarach* d'abhainn an tSuláin, in aice le Maigh Chromtha. Mar is léir ón ainm, bhí leigheas ar fhaithní (warts) le fáil ann. Bhí an leigheas seo le fáil i mórán toibreacha. Leigheasadh Tobar na Súl i dtuaisceart Cho Átha Cliath an té a mbeadh súile tinne air.

Thagadh daoine ó gach cearn den tír go dtí Loch an Liagha, nó Loch an Dochtúra, i gCo an Chabháin, toisc go raibh sé ar fheabhas chun galair chraicinn a leigheas. Ní raibh aon easláinte* chraicinn nach leigheasfaí dá nglacfadh an duine folcadh san uisce, agus cuid den láib* a chur ar an gcraiceann tinn. Cuireadh deireadh leis an leigheas seo áfach. Bhí duine uasal ann a raibh an chlaimhe (mange) ar a chuid madraí. Thiomáin sé isteach sa loch iad chun iad a leigheas. D'imigh an chumhacht ar fad ón loch chomh luath is a thiomáin sé na madraí isteach ann, agus níor leigheasadh aon duine ó shin ann.

---

1 *turloch sa gheimhreadh/turlough in winter*
2 *turloch sa samhradh/turlough in summer*
3 *An Spá, Lios Dúin Bhearna, The Spa, Lisdoonvarna.*

Toibreacha beannaithe
Holy wells

The ancient Irish were not alone in their veneration of water. Wells and rivers were common objects of veneration among primitive peoples. We have in this country, however, a remarkable number of holy wells, many of which are still places of pilgrimage, even though this old custom is now very much in decline.

Many reasons are given for the veneration of the wells. Pagan peoples regarded water as a symbol of spiritual life, and many of our present holy wells were regarded as sacred by the druids. When Ireland was being converted to Christianity, these wells were blessed so that the pagan veneration was changed into a Christian one. Other wells were possibly used as baptismal fonts for early converts, and as such would have been blessed, and may possibly have become places of pilgrimage. Finally, as many of our hermits lived close to wells, people considered them to be blessed by the hermit's prayers and use. Pilgrimages began when the faithful visited the wells to pray, on the anniversary of the holy man's death.

Nuair a thugadh daoine turas ar thobar beannaithe, thagaidís aduaidh chuige de ghnáth. Shiúlaidís deiseal (clockwise) ina thimpeall. Trí thimpeall nó naoi dtimpeall a bhíodh sa turas go minic, agus bhíodh paidreacha speisialta le rá agus iad ag siúl timpeall. Nuair a bhíodh na timpill críochnaithe, d'óladh daoine roinnt uisce as an tobar.

Chreideadh daoine ina lán áiteanna go raibh breac míorúilteach* i dtoibreacha áirithe. Ní bhíodh an breac seo le feiceáil ach anois is arís—go moch maidin lá na féile, mar shampla. Ach, an té a d'fheicfeadh an t-iasc, gheobhadh sé leigheas ar a ghalar. Ceapadh, freisin, nach bhféadfaí an t-uisce ina raibh an t-iasc ag snámh a bhruith. Is iomaí bean tí ar theip uirthi citeal d'uisce as tobar beannaithe a bhruith. Dá bhféachfadh sí isteach sa chiteal ansin, d'fheicfeadh sí an t-iasc ag snámh ann agus chaithfeadh sí é a thabhairt ar ais go dtí an tobar.

Is é Tobar na Molt in Ard Fhearta i gCo Chiarraí an tobar inar baisteadh Naomh Breandán. Deirtear gur léim molt (wether) amach as an tobar nuair a baisteadh an naomh ann. Bhí leigheas sa tobar agus thugtaí an turas gach bliain i mí Mheán Fómhair.

Some holy wells have a more modern origin. Father Moore's Well at Rathbride about two miles from Kildare town is visited all the year round by people who have faith in its healing powers. The well was walled in and a shrine to Our Lady was erected in 1952. Father Moore was born in 1779 and had a remarkable personal gift of healing. Before his death, he blessed this well in order that people might be cured after he himself had passed away. A silk chimney-pot hat of his is still used as a cure for headaches. The sufferer, after visiting the well, proceeds to the house where the hat is kept and having recited some prayers, places the hat on his head in order to obtain relief. Pilgrims over the years have left many tokens at this well.

Practically all Irish parishes have at least one holy well which was a centre of pilgrimage in the past. It is interesting to note that the day of pilgrimage, commonly known as the pattern day, became a festival day in the parish. Indeed, people on these occasions became so riotous in some places that the clergy had to condemn the entire proceedings.

---

1 daoine ag siúl timpeall tobair bheannaithe/
people walking around a holy well
2 Tobar an Athar Uí Mhórdha, Co Chill Dara/
Father Moore's Well, Co Kildare.

Lochanna agus locháin
Lakes and ponds

'What is the difference between a lake and a pond?' asked Máire one day. 'A pond is a small quiet body of water' said Mammy. 'It is usually no more than six feet deep, and plants can grow right across it. A pond may have no stream flowing in or out of it. A lake, on the other hand, is any larger area of standing water that occupies a land basin. It usually has several small streams, or even rivers, flowing into it. Lowland lakes are usually much richer than upland ones. They are said to be nutrient rich, and that means that they have an adequate supply of minerals such as phosphates and nitrates. Such lakes abound in vegetation which in turn provides a suitable environment for a rich variety of animal life.'

'There does not seem to be much life in the middle of the lake,' said Máire. 'Not on the surface at any rate,' said Mammy. 'You will notice that lake vegetation occurs in bands which are roughly parallel with the shore. This zonation is due to the different types of plants which have adjusted to varying water depths.'

'I know what you find on the margins' said Máire. 'The water irises are in bloom at the moment and there are plenty of sedges and bur-reed'. 'The true reeds and bulrushes grow in the very shallow water at the edge of the lake' said Mammy. Just beyond you find a band of various kinds of floating-leaf plants. See the white and yellow waterlilies over there.' 'I love their beautiful big flowers,' said Máire. 'You will also find amphibious bistort and floating pondweed in this area' said Mammy, 'but there are other varieties with totally submerged leaves which grow in deeper water.'

'Do these plants live completely submerged?' asked Máire. 'Yes,' said her mother. 'Pondweed is one such species. There is also the Canadian pondweed, the spiked water-milfoil, the horned pondweed and black moss, but as they are all in deeper water you are unlikely to see them.

'Is dócha go mbíonn na plandaí agus na hainmhithe céanna sna locháin' arsa Máire. 'Bíonn, cuid mhór,' arsa Mamaí. 'Bíonn an bior-rós froig (frogbit) agus an ros lachan (duckweed) coitianta ar na locháin. Plandaí beaga is ea iad seo a bhíonn ar snámh go hiomlán ar uachtar an uisce. Is annamh* a bhíonn an breac (trout) sna locháin, ach tá an phéirse (perch), an cúramán (tench) agus an bran (bream) coitianta sa dá áit.'

'Agus bíonn na míoltóga (midges) ag eitilt timpeall an locha san aimsir bhreá shamhraidh seo' arsa Máire. 'Bíonn a gcuid larbhaí agus nimfeach ar ghrinneall* an locha, agus bíonn na míoltóga céanna le fáil ar na haibhneacha. Bíonn an chuil Bhealtaine (mayfly), an chuil chadáin (caddis fly) agus an tsnáthaid mhór (dragonfly) ann mar shampla.'

Daddy showed them the water boatman and the pond skater. 'The lake was beautiful this afternoon' said Mammy on the way home. 'It is a long time since I saw swans, wild ducks and coots on the lake together. Perhaps another day we will have time to look for the pond snail and some of the freshwater sponges.'

---

1 *feileastram*/yellow iris 2 *coigeal na mban sí*/bulrush 3 *ros lachan*/duckweed 4 *duileasc abhann*/pondweed 5 *duilleog bháite buí*/yellow water-lily 6 *líonánach*/spiked water-milfoil 7 *tím uisce*/Canadian pondweed 8 *bior-rós froig*/frogbit 9 *bran*/bream 10 *cúramán*/tench 11 *gé fhiáin*/wild goose.

Lochanna ardtailte
Upland lakes

The lake in the picture is a corrie lake. Long ago in the ice age, deep depressions were formed in the mountain by the action of the ice. Some of these depressions now contain lakes. A corrie is also known as a coom, and this appears in several placenames such as Coumshingaun (Com an tSeangáin) in the Comeragh Mountains. Lough Bray in the Wicklow Mountains, and the Devil's Punchbowl on Mangerton Mountain in Kerry, are all corrie lakes. Many of our mountain lakes are of glacial origin. Some lowland lakes are formed in depressions left where acid waters have eroded limestone rocks. The debris or material which the glaciers left behind is known as moraines. These are found at the lower end of valleys and may act as a dam causing a lake to develop behind it. This is how the lower lake in Glendalough was formed. A few small coastal lakes are of relatively recent origin, having been formed behind shingle spits and sand dunes. Lough Gill in Castlegregory, Co Kerry is one of these. Some lakes are made by man and are used as reservoirs. Poulaphouca in Co Wicklow, and Inis Carra in Co Cork were formed by damming the flow of the Liffey and of the Lee respectively.

Did you know that lakes become shallower as they grow older? There are two reasons for this. Their outlets are gradually eroded allowing larger quantities of water to escape, and at the same time sediment and plant remains are constantly being deposited on their beds.

Braitheann fásra* an locha ar an gceantar ina bhfuil sé. Is minic nach mbíonn bia le fáil ag plandaí ar na sléibhte, agus mar sin ní bhíonn a lán cineálacha éagsúla plandaí le fáil sna lochanna arda. Ach, mar sin féin, bíonn iarsmaí* de phlandaí agus d'ainmhithe le fáil iontu atá ann ón oighearaois dheireanach. Sampla d'ainmhí acu seo is ea an *Dytiscus Laponnicus*, ciaróg uisce Artach atá fós le fáil i lochanna Thír Chonaill.

Tá gaol ag an ruabhreac (char) leis an mbradán (salmon) agus leis an mbreac (trout). Bíonn an ruabhreac san fharraige Artach, agus tugann sé turas ar an bhfionnuisce chun sceitheadh*. Tá a fhios againn go raibh sé coitianta i lochanna na hÉireann tar éis na hoighearaoise deireanaí, ach níl sé le fáil anois ach i Loch Coirib agus i gcúpla loch beag eile. Is spéisiúil an rud é nach dtéann ruabhreac na hÉireann amach chun na farraige in aon chor.

Fásann giolcacha (reeds) anseo is ansiúd ar imeall* an uisce sna lochanna. Feicfidh tú na pónairí corraigh (bogbeans) agus an chíb ghobach (bottle sedge) chomh maith. Is álainn an radharc í an duilleog bháite bhán (water-lily) agus í faoi bhláth ar lochanna an iarthair. Sin í an t-aon bhláth mór amháin a bhíonn le feiceáil ar na huiscí seo.

Bíonn na duilleoga báite bána lasmuigh de na giolcacha ar an loch. Amuigh san uisce domhain ar fad ní bhíonn plandaí le feiceáil ar uachtar an uisce, ach tá plandaí báite ag fás thíos faoin uisce, chomh fada síos is a théann an solas. Bíonn duilleoga lóibéilia uisce ar ghrinneall* an locha ach fásann na bláthanna beaga gorma ar ghais fhada chaola suas os cionn an uisce. Gan amhras bíonn algaí beaga bídeacha* coitianta san uisce go léir atá sa loch.

---

1 *loch coire/corrie lake*   2 *Dytiscus Laponnicus*   3 *ruabhreac/char*
4 *giolcacha/reeds*   5 *pónaire chorraigh/bogbean*
6 *cíb ghobach/bottle sedge*   7 *duilleog bháite bhán/white water-lily*
8 *duilleog an lóibéilia/lobelia leaf*   9 *bláth an lóibéilia/lobelia flower.*

Dúile beaga an locháin
Microscopic pond life

An raibh a fhios agat go bhfuil na mílte plandaí agus ainmhithe beaga i mbraon beag d'uisce locháin? Má chuireann tú an t-uisce faoi mhicreascóp, feicfidh tú na dúile beaga bídeacha* seo ag bogadh timpeall ag lorg bia nó ag seachaint* a namhad. Ní hiad na hainmhithe amháin a bhogann. Feicfidh tú na plandaí beaga ag gluaiseacht freisin. Déanann an *Euglena* é, planda nach bhfuil ann ach aon chill* amháin. Tá cruth an phiorra air, agus tá snáth beag air a chabhraíonn leis gluaiseacht timpeall. Má bhíonn líon mór *Euglena* i lochán cuireann siad dath glas ar an uisce. Ábhar ceimiceach ar a dtugtar clóraifill is cúis leis an dath glas seo, agus ní bhíonn sé le fáil ach i bplandaí.

Cuireann an clamadamanas dath glas ar an uisce freisin má bhíonn sé flúirseach go leor. Níl ach aon chill amháin san alga seo freisin. Tá spota beag dearg ar a dtugtar an stiogma le feiceáil ar an gclamadamanas. Mothaíonn an spota seo solas agus mar sin is féidir leis an bplanda snámh i dtreo an tsolais nó uaidh de réir mar a oireann dó.

Bíonn a lán lán diatóm le fáil san fharraige, ach bíonn siad sna locháin freisin. Cruth réalta nó cruth ciorclach a bhíonn orthu de ghnáth.

Coilíneacht, is é sin grúpa de chealla plandúla is ea an *Volvox*. Cruth cruinn atá air agus é ag casadh go mall tríd an uisce. Tá snáithíní beaga ar a dtugtar cilia ar na cealla taobh amuigh agus tugann siad an t-uisce i dtreo an *Volvox*.

Sa *Spirogyra* bíonn na cealla i ndiaidh a chéile i bhfoirm snáithín. Planda ramallach* is ea é. Tá snáth beag clóraifille ag rith trí gach cill díobh sin.

Ainmhí an-spéisiúil is ea an aiméibe. Níl ann ach an t-aon chill amháin agus scannán tanaí leaistice mar chlúdach uirthi. Mar gheall air sin, is féidir leis an aiméibe í féin a lúbadh go furasta, agus athraíonn a cruth go minic. Is féidir í a fheiceáil ag brú amach saghas cosa bréige nuair a bhíonn sí ag gluaiseacht. Ní maith léi solas geal ná uisce truaillithe*, agus fágann sí uisce atá rógheal nó róshalach di agus téann sí ag lorg uisce eile di féin.

Nuair a bheireann sí ar bhia, filleann* sí í féin timpeall ar fad air. Bíonn a corp ar fad cosúil le bolg agus is féidir léi an bia a dhíleá (digest).

Paramecium is a lively little animal covered in cilia which enable it to move along in corkscrew fashion. As it is shaped like a lady's slipper it is sometimes called the slipper-animalcule. *Vorticellae* are visible to the naked eye. They remain fixed to a stalk and catch food with a ring of cilia round the mouth.

Daphnia, or water-fleas, are related to crabs. In summer thousands of them can be seen jerking about crablike in the ponds. The *Cyclops* is the cousin of the *Daphnia*. Their eyes are so close together that there seems to be only one. This is how they got their name.

Tiny *Hydrae* may be found growing on any water plant you have collected. They sometimes produce offspring which grow out of their bodies and then break off. This process is called budding.

These are only some of the microscopic plants and animals which live in the ponds and are too small for the naked eye to see. They have interesting habits and are more important in many ways than their size would suggest.

---

1 Euglena   2 *clamadamanas/chlamydomonas*   3 *diatóim/diatoms*   4 Volvox   5 Spirogyra   6 *aiméibe/amoeba*   7 *paraiméiciam/paramecium*   8 Vorticella   9 Daphnia   10 Hydra.

Feithidí na lochanna
Lake insects

Feithid bheag is ea an scinnire locháin (pond skater). Fuair sé an t-ainm sin toisc go mbíonn sé ag scinneadh* trasna an uisce. Bíonn sé ar uisce ciúin na lochán, ar na haibhneacha a bhíonn ag gluaiseacht go mall, agus uaireanta ar phoill bheaga uisce. Féach go cúramach orthu agus feicfidh tú nach dtéann a gcosa faoi uisce in aon chor. Siúlann siad ar bharr an uisce. Bíonn barr an uisce cosúil le scannán. Is féidir leis an scinnire locháin sleamhnú trasna an scannáin seo gan dul tríd.

An bhfuil a fhios agat conas a oibríonn an scannán seo? Bain triail as seo agus feicfidh tú. Faigh lann* rásúir—bí an-chúramach agus ná gearr tú féin. Ansin leag síos ar bháisín uisce é. Fanfaidh an lann ar bharr an uisce, cé go dtiteann cruach* síos go grinneall* de ghnáth. Is é an scannán seo ar bharr an uisce a choimeádann an lann ar snámh, agus déanann sé an rud céanna leis an scinnire locháin.

Itheann na scinnirí go leor feithidí beaga eile a thiteann isteach san uisce. Uaireanta beireann siad ar larbhaí a thagann aníos tríd an uisce ag lorg aeir. Mothaíonn siad na tonnta beaga a dhéanann na feithidí beaga eile seo nuair a bhíonn siad ag gluaiseacht tríd an uisce. Ansin léimeann siad go tobann orthu. Faigheann siad greim orthu lena gcosa tosaigh agus itheann siad láithreach iad.

Tá cosa láir agus cosa deiridh an-fhada agus an-chaol ar na scinnirí. Is féidir leo taisteal go tapa mar sin. Ní fheiceann tú ag eitilt go rómhinic iad i rith an lae. San oíche is mó a bhíonn siad ag eitilt mar is fearr a fheiceann siad a gcuid bia sa chlapsholas*. Bíonn loinnir* ar bharr an uisce a chabhraíonn leo chun é seo a dhéanamh.

There are many kinds of dragonfly to be found in this country, and they can be divided into two groups. The larger, more powerful ones are called mosquito hawks, or popularly, hawkers. The smaller more slender ones are known as damselflies.

Dragonflies are among the most beautiful of insects, but unfortunately, many people seem to be afraid of them. This is possibly because of their enormous eyes and powerful claspers. This fear is groundless. Dragonflies do no harm to human beings. Other insects, however, have good reason to fear them. They catch their victims while flying very fast and devour them in the air. Even while they are eating, their huge eyes are searching for more prey.

They lay their eggs in the water or on water plants. The dragonfly nymph is also a great hunter. Its large lower lip is armed with a pair of pincers with which it seizes its prey. It usually lies hidden in the mud waiting to pounce on a passing tadpole or fry.

As the nymph breathes through its gills, water has to pass in and out of the intestines all the time. When it finds itself in a dangerous situation, it presses all this water out at once and propels itself away from the danger area.

Féach sa léaráid ar na plandaí a fhásann sna locháin. Tabhair faoi deara an dath atá ar an ros lachan agus an chaoi a snámhann sé ar bharr an uisce.

---

1 snáthaid mhór/dragonfly 2 scinnire locháin/pond skater
3 ros lachan/duckweed.

An easóg
The stoat

A carnivorous animal native to Ireland, the stoat has a slim elongated body of a reddish-brown colour with white underparts and a tuft of dark hairs at the tail. It sheds its coat twice a year, in spring and in autumn. Stoats in northern areas of the world moult to a white fur known as ermine in the winter, but this is extremely rare in the Irish stoat.

Its habitat varies from agricultural land, woodland and marsh to high moorland and mountains. It is found both on open land and under cover and is especially common where ditches, hedgerows and stone walls are present in agricultural areas.

Though the stoat is frequently seen by day, it is a nocturnal hunter, and locates its prey mainly by scent. Before the myxomatosis plague almost wiped out the rabbit population, this was the stoat's main food. Stoats are commonly known to have a hypnotic effect on the unfortunate rabbit they are hunting. They select their victim and follow him relentlessly. Finally the rabbit appears to give up and lies in a terrified trance waiting for his fate. Since the decline in the rabbit population, stoats have taken to hunting smaller mammals like rats, mice and shrews. Birds, eggs, reptiles, fish, and insects are also eaten. Berries in season may also form part of a stoat's diet.

I mí Aibreáin nó i mí Bealtaine a bheirtear na heasóga agus bíonn ceithre nó cúig cinn san ál*. Tugann an mháthair bainne do na rudaí óga, agus múineann sí fiach* dóibh. Ceaptar nach bhfaigheann sí aon chabhair ón athair.

Ainmhí fiosrach* is ea an easóg. Má fhanann tú i do sheasamh go ciúin feicfidh tú a ceann beag rua ag gobadh amach thar chloch agus ag imeacht arís go tapa. Tiocfaidh sí gar go leor duit chun radharc maith a fháil ort, ach ní chuirfidh sí isteach ort.

Tá mórán scéalta i dtaobh na n-easóg. Bhí meitheal* fear ag baint féir lá. Fuair siad nead easóg agus chuir siad na heasóga óga isteach i slám* beag féir i gcúinne na páirce chun iad a choimeád slán. Ní fada go bhfaca siad an easóg fhásta ag teacht aníos go dtí an canna bainne a bhí tugtha ag na fir go dtí an pháirc mar dheoch dóibh féin. Chuir na heasóga rud éigin glas isteach sa bhainne agus d'imigh siad. D'fhan na fir ag faire orthu, agus ní fada go bhfuair siad na rudaí beaga slán sábhailte in aice an chlaí. Cad a rinne na heasóga fásta ach teacht ar ais agus an canna bainne a dhoirteadh ar eagla go n-ólfadh na fir é!

Tá scéal eile ann a deir gur mharaigh fear easóg óg a bhí sa pháirc nuair a bhí an féar á ghearradh aige. Chonaic sé an easóg fhásta ag caitheamh a seile isteach ina chuid bainne, ach mar sin féin, d'ól sé an bainne. Ní fada ina dhiaidh sin go bhfuair sé tinneas uafásach ina bholg, agus bhí sé cinnte go raibh sé ag fáil bháis. Thug an dochtúir leigheas dó ach bhí eagla air roimh na heasóga as sin amach.

Did you ever hear that stoats bury their dead? Not only this, but a great number of stoats come to the burial. It is certainly not advisable to interrupt the proceedings, because stoats are said to attack fiercely on such occasions.

---

1 *easóg—ubh á hithe aici*/stoat eating egg
2 *easóg ag tabhairt fogha faoi choinín*/stoat attacking rabbit.

Ialtóga
Bats

Mamach* is ea an ialtóg. Níl an déanamh céanna ar sciatháin na hialtóige agus atá ar sciatháin an éin. Ní cleití atá uirthi ach fionnadh* bog donn. Tá ceann uirthi mar a bheadh ar ainmhí. Tá cluasa, béal, agus fiacla aici freisin. Beireann sí ialtóg bheag amháin agus cothaíonn* sí le bainne í. Tá an-chuid ainmneacha Gaeilge ar an ainmhí seo. Tugtar sciathán leathair, ialtán leathair, eitleog, feascarluch, púca na hoíche agus an bás dorcha air in áiteanna éagsúla. Ainmhí is ea é a chuireann eagla ar a lán daoine. Ní dhéanann an ialtóg aon dochar don duine. Deirtear go dtéann na hialtóga ceangailte i ngruaig na mban, ach níl sé seo fíor. Fiú amháin dá mbeadh sé fíor is mó go mór an scanradh a bheadh ar an ialtóg bhocht ná mar a bheadh ar an mbean! Bíonn ialtóga le feiceáil faoin tuath agus sna bailte móra i rith an tsamhraidh. Caitheann siad an geimhreadh ina gcodladh i bpluaiseanna agus i seantithe.

Tá seacht gcineál éagsúla ialtóg in Éirinn. Tá trí cinn acu sin coitianta, an ialtóg chluasach (long-eared bat), an ialtóg fheascrach (pipistrelle) agus ialtóg Leisler (Leisler's bat). Tá cluasa fada cosúil le cluasa coinín ar an ialtóg chluasach. Tá a ceann agus a corp timpeall 3.5 cm ar fad. Tá réise* 20 cm ag cuid de na hialtóga nuair a osclaíonn siad a sciatháin.

Ialtóg bhídeach* is ea an ialtóg fheascrach. Bíonn sí le feiceáil go minic ón am a dhúisíonn sí as a codladh geimhridh i lár an earraigh go dtí deireadh an fhómhair.

Itheann an ialtóg uisce na míolta a bhíonn timpeall ar lochanna agus ar aibhneacha. Bíonn sí le feiceáil sna háiteanna seo. Fionnadh donn agus brollach bán atá uirthi ach níl sí coitianta in Éirinn.

Bats are nocturnal animals and for a long time people wondered how they made their way about so accurately in the pitch darkness. They were even more puzzled when experiments showed that bats could fly perfectly well even when blindfolded. Other experiments, however, showed that bats which had their mouths bound up tightly could not find their way. They were also unable to fly safely with their ears plugged. As they fly, bats make a lot of squeaking sounds. The squeaks bounce back off objects. The bats hear the echoes and can judge where the object is. This form of navigation is called echo location. Radar uses a similar system and is used to detect objects such as aircraft. A bat's system is more sophisticated than any yet invented by man. While radar can detect an object many kilometres away, the object has to be at least several metres wide. A bat can detect an insect only 75 mm long from a distance of two metres. This power of navigation is very useful because many bats sleep in pitch black caves, where they have to dodge all the other bats—who are also echo locating. Bats sleep upside down hanging on by their back feet.

The squeaks made by bats are normally emitted at too high a frequency to be heard by man. Children can sometimes hear them, however, and if you ever see any bats, it is worth your while to listen carefully. You may not often have the opportunity.

---

1 ialtóg chluasach/long-eared bat   2 ialtóg fheascrach/pipistrelle   3 mar a aimsíonn an ialtóg a creach. Ligeann sí scréach. Buaileann an glór i gcoinne feithide agus cloiseann an ialtóg an macalla/how the bat locates its prey. The sound of its squeaks bounce off an insect. The echo reveals the location of the insect.

Dhá éan creiche
Two birds of prey

'Féach an pocaire gaoithe (kestrel), a pháistí' arsa Daidí. Bhí an teaghlach ar fad ina luí faoin ngrian ar thaobh an chnoic. Chonaic siad an t-éan beag ar foluain* san aer gan cor as. Leis sin thug sé sciuird anuas go talamh, agus d'éirigh sé arís agus rud éigin ina chrúba aige. 'Ní fheadar cad a fuair sé' arsa Máire. 'Luch nó dallóg fhraoigh, is dócha,' arsa Mamaí. 'Itheann sé dreoilíní teaspaigh (grass-hoppers) agus feithidí eile freisin. Fanann sé in airde san aer ag faire go bhfeiceann sé ceann éigin acu agus síos leis ansin.' 'Is é an pocaire gaoithe an t-éan creiche is coitianta in Éirinn' arsa Peadar. 'Dúirt an múinteoir linn go bhfuil sé le fáil i ngach contae sa tír.' 'Cá ndéanann sé a nead?' arsa Máire. 'Ar chrann nó ar aill,' arsa Peadar. 'Mí Aibreáin nó go luath i mí na Bealtaine a neadaíonn sé, agus beireann an t-éan baineann cúig nó seacht gcinn d'uibheacha.' 'Éistigí,' arsa Daidí 'sin é a ghlór.' Chuala siad é 'cí–cí–cí' agus ansin go ceolmhar 'cí–lí.'

'What are our other birds of prey?' asked Máire. 'Owls are very common' said Daddy. 'Our most common varieties are the barn owl and the long-eared owl. The short-eared owl is a winter visitor, but it has been known to nest here occasionally.' 'Owls are nocturnal' said Mammy. 'Their large eyes are made to see well in the dark, and are placed in the front of the head for greater efficiency.' 'Did you know,' said Daddy, 'that owls can turn their heads completely round and look behind them without twisting their bodies?' 'No,' said Peadar, 'but I did know that their hearing is very acute. Their ears are not visible as they are hidden beneath their feathers.'

'Owls pounce on their prey and hold it with their strong claws' said Mammy. 'Small victims are swallowed whole, but otherwise pieces are torn off with the hooked beak.' 'What does the owl eat?' asked Máire. 'Mice, shrews, and voles,' said Mammy. 'There is an interesting thing about the owl's digestion. When an owl swallows food, the parts it cannot digest are coughed up as food pellets. If you know where an owl is roosting, you will find these pellets if you search around on the ground underneath. They are small objects shaped like sausages. If you bring some home, we will soften them in a bowl of water, and we will be able to separate the contents. We will make a collection of the bones, teeth, skulls and fur of the small animals the owl has eaten. There may occasionally be feathers of smaller birds the owl has caught.'

'Is féidir an t-ulchabhán a choinneáil mar pheata' arsa Máire. 'Is féidir, cinnte,' arsa Mamaí 'ach caitheann sé an lá ina chodladh agus an oíche ina dhúiseacht. Bheadh an t-ulchabhán ag dúiseacht as a chodladh díreach nuair a bheifeá féin ag dul a chodladh.' 'Ní hé sin amháin é,' arsa Peadar 'ach ní bheimis in ann an bia ceart a thabhairt dó ach oiread. Bíonn ar an ulchabhán fionnadh* agus cleití a ithe go rialta chun go mbeidh sé sláintiúil. Ach, níos tábhachtaí fós ná sin, éan fiáin is ea an t-ulchabhán agus ní thaitneodh sé leis in aon chor a bheith faoi ghlas.'

'Tá mórán ainmneacha éagsúla Gaeilge ar an ulchabhán,' arsa Daidí. 'Cailleach oíche agus ceann cait is ea dhá cheann acu.'

---

1 *ulchabhán/owl* 2 *pocaire gaoithe/kestrel*.

Beatha an ghairdín 1
Garden life 1

Má bhíonn tú amuigh faoin tuath tar éis na báistí feicfidh tú a lán seilidí (snails). Fanann siad faoi cheilt* nuair a bhíonn an aimsir go maith. Plandaí marbha is mó a itheann siad. Ní maith leis an ngarraíodóir iad a fheiceáil toisc go n-itheann siad plandaí beo freisin. Is breá leo leitís a ithe, toisc go bhfuil a lán cailciam inti. Úsáideann na seilidí an cailciam chun a gcuid sliogán a thógáil.

Tá dhá phéire adharc ar na seilidí. Tá na súile ar bharr na n-adharc uachtair. Is féidir leis an seilide na hadharca seo a tharraingt isteach ina cheann más gá. Má chuireann tú seilide ar phíosa gloine, is féidir a bhéal a fheiceáil, agus é ag lí* na gloine lena theanga ag lorg bia. Tá sraitheanna* d'fhiacla géara ar an teanga seo.

Caitheann an seilide an geimhreadh ina chodladh. Is minic a bhíonn cúig nó sé cinn acu in aice a chéile i gclaí cloch. Tarraingíonn siad siar go hiomlán isteach sna sliogáin agus greamaíonn* siad iad féin de na clocha. I dtús an earraigh, aimsíonn* siad poll oiriúnach sa talamh agus beireann siad uibheacha chomh mór le piseanna beaga. Tagann na seilidí óga amach tar éis trí nó ceithre seachtaine. Ag an am sin ní bhíonn na sliogáin níos mó ná ceann bioráin.

Is breá leis an smólach seilidí. Beireann sé orthu agus buaileann sé an sliogán i gcoinne carraige go dtí go mbriseann sé. Ansin itheann an smólach feoil an tseilide.

Fadó bhaineadh daoine úsáid as an seilide mar leigheas ar dhó talún*. Chuirtí an sliogán agus an seilide féin uirthi mar cheirín*.

Tá an seilide agus an drúchtín (slug) an-chosúil lena chéile, ach ní bhíonn aon sliogán ar an drúchtín.

If you dig anywhere in your garden, you will find several earthworms. The whole of an earthworm's body is divided into equal segments. You have probably heard that an earthworm will not die if it is cut in two. This is true. The larger segment will grow a new head or tail. Short bristles grow all along the worm's body. It uses these to pull itself through the earth. It can also expand and contract its body by stretching the muscles under its skin, and this also helps it to move. Although it has no eyes, it is sensitive to light, and when it senses daylight it crawls back into the earth as quickly as it can.

The worm serves a very useful function in the soil. As it burrows it aerates and drains the soil and mixes the different soil layers. It also drags decaying plants and other organic matter down from the surface and incorporates them in the soil. The wormcasts which you often see, especially in springtime, are made as the worms discharge the remains of the soil which they have digested. Gardeners love to see the earthworm because worms ensure that the soil remains aerated and they allow the moisture to filter through. The air and the moisture are necessary to cultivate healthy plants.

Má theastaíonn uait na hainmhithe beaga seo a fheiceáil, níl le déanamh agat ach breathnú thart i do ghairdín féin. Feicfidh tú seilidí agus drúchtíní go minic ar an bhféar, go háirithe tráthnóna samhraidh tar éis na báistí.

---

1 *seilidí/snails* 2 *péisteanna talún/earthworms*

Beatha an ghairdín 2
Garden life 2

Taitníonn an bhóín Dé (ladybird) le gach duine. Deirtear go bhfuil ádh ag baint leis an bhfeithid seo. Níl a fhios agam an fíor é sin, ach is cinnte gur feithid an-chabhrach í don fheirmeoir agus don gharraíodóir. Itheann siad fíneoga (mites) agus aifidí (plant lice) a dhéanann an-díobháil do phlandaí agus do bharra. Is féidir leis an larbha féin na haifidí a ithe. Uaireanta itheann sé suas le caoga acu in aon lá amháin. Nuair a smaoiníonn tú go mbeireann an bhóín Dé idir cúig chéad agus míle ubh i ghaitheamh a saoil, tuigfidh tú gur beag an baol go mbeidh plá* aifidí ann. Aifidí is ea na cuileanna* glasa a thagann ar rósanna, mar shampla, agus is breá le bóíní Dé iad a ithe.

An raibh a fhios agat gur ciaróga iad na bóíní Dé? Tá sciatháin bheaga orthu. Bíonn na sciatháin seo fillte acu de ghnáth faoin gclúdach crua ar a ndroim, ach is minic a fheicfidh tú ag eitilt iad.

Má theastaíonn uait roinnt díobh a bheith agat i do ghairdín san earrach, bailigh i mí Dheireadh Fómhair iad. Coimeád i mbosca iad in áit atá fionnuar ach nach mbeidh aon bhaol seaca ann. Codlóidh siad ansin i gcaitheamh an gheimhridh agus is féidir leat iad a chur amach ar na rósanna san earrach. Dath dearg atá ar an mbóín Dé. Tá spotaí dubha uirthi freisin.

If you lie quietly in the grass on a summer evening, you will almost certainly hear the song of the grasshopper. Grasshoppers have long powerful hind legs which are ideal for jumping. They can leap as much as one metre straight up in the air, and a couple of metres along the ground. If a grasshopper were as big as a horse, it could jump a couple of hundred metres!

Towards the end of the summer, the female lays her eggs, using her ovipositor to place them in a hole in the earth. The larvae, which hatch out the following spring, are like their parents, except that they do not have wings. While the larva is growing, it sheds its skin at regular intervals. This process is called moulting and it occurs between five and ten times in all, before the grasshopper is fully developed.

The song of the grasshoppers is produced by the males when they rub their wings together. The sound attracts the silent female who is equipped with ears in her forelegs!

Unlike the ladybird, the cockchafer or maybug is a garden and farm pest. The female lays her eggs underground in June. The grubs hatch out in the autumn, and remain underground for over three years. They live on grass roots and the roots of crops and young trees. So it is no wonder that they are unpopular.

When the adult cockchafer emerges from its pupa, it is almost at the end of its life. It will only survive for four to eight weeks as a fully grown beetle. If you walk along a country road at dusk in summer time you will hear the deep humming sound of the cockchafer as it flies past.

---

1 *bóín Dé débhreactha/two-spotted ladybird*
2 *bóín Dé seachtbhreactha/seven-spotted ladybird*
3 *cuil ghlas/greenfly*   4 *dreoilín teaspaigh/grasshopper.*

Buafa, earca, froganna
Toads, newts, frogs

Amphibians are animals which can live both in water and on land. Frogs, toads and newts are the only amphibians to be found in Ireland. They all start their lives in water, but their adult forms breathe air and live mainly on land. While frogs and toads have short bodies and no tails, with long legs for jumping or walking, the newts have long bodies and broad tails for swimming. The common newt is the only species found in Ireland, and it is a smooth-skinned green or brown animal, speckled with darker green or black. It is somewhat less than four inches long. In the spring the male becomes lighter in colour, with a high wavy crest from the head to the tip of the tail.

The female lays between two and three hundred eggs in May or June. She usually lays them one by one, on or under the leaves of waterplants, but occasionally several may be laid together on a leaf or stalk. The eggs are held firmly in place by their thick sticky coatings, and it takes three weeks for the slender pale green larva to develop to the point where it is free of jelly. This tadpole, as the young newt is called, has large golden eyes, long feathery gills and thread-like suckers for holding on to water weeds. It feeds on tiny water insects. As it develops, it grows first front and then back legs, and its skin grows thicker. Unlike the frog tadpole, it retains its long tail. By the time it is twelve weeks old, its lungs have developed and the feathery gills have been absorbed. It is ready to leave the water and to spend the majority of its life on land. During the winter it hibernates somewhere damp and dark under stones and dead leaves, and in the spring it returns to the ponds to breed.

Is dócha go bhfaca tú síol froganna (frog-spawn) uair éigin; b'fhéidir go bhfaca tú mar a fhásann na torbáin (tadpoles) ar dtús agus ansin mar a iompaíonn siad amach ina bhfroganna beaga óga. Iompaigh an leathanach is féach orthu. An raibh a fhios agat go bhfuil teanga an fhroig ceangailte de thosach a bhéil? Nuair a fheiceann sé feithid éigin ag eitilt thart scinneann* an teanga fhada sin amach ar luas lasrach agus beirtear ar an bhfeithid bhocht. Bia breá don fhrog is ea ciaróga, cuileoga*, damháin alla, cláirseacha (woodlice), agus cruimheanna* fiú amháin. Itheann sé péisteanna (worms) agus drúchtíní (slugs) ramhra freisin. Ach ní mór don fhrog aire mhaith a thabhairt dó féin nó beidh sé féin mar bhéile ag ainmhí éigin eile. Is beag éan nach dtaitníonn an frog leis. Tugann broic (badgers) agus gráinneoga (hedgehogs) cuairt ar na locháin istoíche á lorg. Ach, cé go mbíonn a lán ainmhithe eile ar a thóir*, maireann an frog uaireanta go dtí go mbíonn sé trí bliana d'aois.

Tá an-chosúlacht idir an frog agus an bhuaf, agus tú ag féachaint orthu. Ceapadh ar feadh tamaill fhada nach raibh buaf ar bith dúchasach* in Éirinn, ach tá a fhios againn anois go bhfuil an cnádán (natterjack toad) le fáil timpeall ar Inse, i gCo Chiarraí. Buaf é seo a bhfuil líne chasta bhuí síos trí lár a dhroma. Tá a chorp níos téagartha*, a cheann níos leithne agus a chosa níos giorra ná cuid an fhroig. Gluaiseann sé le pocléimeanna beaga murab ionann agus an léim fhuinniúil* atá ag an bhfrog. Tá craiceann tirim garbh ar an mbuaf. Tabharfaidh tú faoi deara go bhfuil faithní (warts) beaga ar a craiceann, rud a chabhraíonn léi chun í a cheilt* ar a naimhde.

---

1 *cnádán*/natterjack 2 *duilleog bháite bhán*/white water-lily
3 *earc fireann*/male newt
4 *mar a fhásann an t-earc*/how the newt grows
5 *earc baineann*/female newt 6 *líonánach*/spiked water-milfoil.

Portaigh
Bogs

Bogs do not provide a very rich food supply for plants or animals. The butterworts and sundews have solved this food problem in an unusual way. They trap insects in their sticky leaves and digest them.

Perhaps you have seen your parents using peat moss in the garden. Did you know that it consists mainly of sphagnum moss, which you can see in the picture. It is a very common bog plant. Sedge, heather, bog-cotton, cranberry and *Andromeda* are also to be found. As you can see, bog plants are low, and in places scanty, so they provide little cover for animal life. Slugs and caterpillars live on the foliage and mites and springtails live in the surface layers of plant debris.

Red grouse inhabit the blanket bog, and golden plover and curlew breed here also. Frogs are particularly common in boggy areas. If you study the picture carefully you will see the frog at the various stages of its life.

Bogs began to form between 6,000 and 3,000 BC. In well-drained soil, dead plants decay almost completely in time. But in waterlogged soil, this decay is much slower, and results in deep layers of partially decayed plants. These layers are laid down one on top of another, and they gradually form the bogs from which we get our turf. Some of these bogs are still being formed today.

Blanket bogs are found in the wetter parts of Ireland, where rainfall exceeds 125 cm every year. They are common all along the west coast, and are also to be found in the Wicklow and Blackstairs Mountains. Blanket bogs cover large areas and are found both on level ground and on slopes of up to 25°, so they can be found both on mountains and in the lowlands.

Before the blanket bogs were formed, New Stone Age farmers lived and worked on the land of North Mayo. When the bog was excavated, the remains of their houses and fields were found underneath. We may find many more remains when other bogs are cleared.

Bíonn na portaigh ardaithe níos airde ná an talamh timpeall orthu. Tá siad le feiceáil i lár na tíre. Téann an mhóin síos go doimhneacht 8 m go minic. Tá na portaigh chomh tábhachtach anois is a bhí siad riamh. Déantar breosla* agus leasacháin* as an móin a bhaintear gach bliain. Baintear leas aisti freisin chun cumhacht a ghiniúint*.

Bíonn a lán lochán beag le feiceáil anseo is ansiúd sna portaigh. Má fhéachann tú ar an léaráid feicfidh tú na plandaí agus na feithidí is coitianta sna locháin seo. Tá an tsnáthaid mhór (dragonfly) agus an scinnire locháin (pond skater) ann. Tá seanchas agus béaloideas an-spéisiúil ag baint leis na portaigh in Éirinn. Thugadh daoine sméaróid (smouldering sod) leo nuair a théidís amach istoíche mar chosaint ar na púcaí.

Bhíodh ar na leanaí fód móna a thabhairt ar scoil leo gach lá chun an tine a choinneáil sa seomra ranga. Nuair a théadh daoine isteach i dteach nua, ní lasaidís tine as an nua ann. Thugaidís fóda dearga leo as an seanteach agus leanadh an tine mar sin ó theach go teach. B'fhéidir go raibh tinte ann nár múchadh* ar feadh na mblianta.

Cheapadh daoine áirithe fadó go mbíodh fonn ar na sióga páistí óga a ghoid. Chun an páiste a chosaint* dhéanaidís an tlú (tongs) oscailte a leagan ar an gcliabhán*.

---

1 *snáthaid mhór*/dragonfly 2 *ceannbhán caolduilleach*/bog-cotton 3 *scinnire locháin*/pond skater 4 *síol froganna*/frog-spawn 5 *torbáin*/tadpoles 6 *frog*/frog 7 *sfagnam*/sphagnum 8 *fraoch coiteann*/heather 9 *tumadóir mór*/diving beetle.

Pluaiseanna
Caves

Bhí an teaghlach tar éis turas a thabhairt ar na pluaiseanna sa Dún Mór, seacht míle ó thuaidh ó Chathair Chill Chainnigh. Le blianta beaga anuas tá cosáin agus soilse leictreacha curtha isteach sna pluaiseanna. D'inis Daidí dóibh gurb é Dearc Fhearna an t-ainm a bhí ar an bpluais seo uair amháin. Deirtear in Annála* Ríochta Éireann gur mharaigh na Lochlannaigh míle duine sa Dearc Fhearna sa bhliain 928 AD. Fuarthas cnámharlaigh* daoine ina lán áiteanna sa phluais. 'Deirtear anois,' arsa Daidí, 'go raibh seanráth in aice na pluaise, agus gur theith lucht an rátha isteach sa phluais nuair a tháinig na Lochlannaigh sa tóir orthu. Tabharfaimid cuairt ar an músaem ar ball. Feicfidh sibh na hiarsmaí* ar fad a fuarthas san uaimh.'

'Conas mar a tháinig ann don phluais, a Dhaidí?' arsa Máire. 'Nuair a bhí an bháisteach ag bualadh ar an gcarraig aolchloiche rinneadh na pluaiseanna sin,' arsa Daidí. 'Bíonn an gás dé-ocsaíd charbóin in uisce na báistí. Creimeann (erodes) sé aolchloch.* Tógann sé na milliúin bliain pluaiseanna móra mar seo a chreimeadh amach as an gcloch ghlas. De réir mar a bhíonn uisce ag sileadh de dhíon na pluaise, fágann sé beagán aolchloiche ina dhiaidh ar an tsíleáil. Diaidh ar ndiaidh déantar aolchuisne (stalactite), is é sin, spíce fada aolchloiche ag gobadh anuas ó dhíon na pluaise. Fásann aolchoinneal ón urlár aníos san áit a mbíonn braonta uisce ag sileadh anuas. In áiteanna áirithe feicfidh tú colúin. Déantar colún nuair a bhuaileann an aolchoinneal agus an t-aolchuisne le chéile.' 'Chuala mise scéal a bhí ag na seandaoine chun urlár gainimh na pluaise móire anseo a mhíniú,' arsa Mamaí. 'Cheap siad go gcoimeádadh na sióga an gaineamh réidh mar go mbídís ag rince ar urlár na pluaise'. 'Tá an phluais an-domhain, a Dhaidí,' arsa Peadar. 'Tá sí breis agus céad méadar ar fad' arsa Daidí, 'ach ní seomra amháin atá inti, ach sraith* de sheomraí móra a bhfuil pasáistí eatarthu. Tá an díon idir 3 m agus 30 m ar airde.' 'Is dócha,' arsa Máire, 'gurb iad seo na pluaiseanna is mó in Éirinn.'

'I don't think so' said Mammy. 'There are caves in many areas of Ireland. The Mitchelstown Caves, which are in Co Tipperary and not in Co Cork, have two distinct systems. Uaimh an Deasmhumhnaigh got its name from the fact that Iarla an tSúgáin, one of the Desmonds, was captured here after his 1601 rebellion and was taken to the Tower of London. More recently, the cave was used as a refuge by the Irish Volunteers during the war of Independence.

'There is an even older story,' said Daddy, 'about a grey sheep that emerged from the cave to join a farmer's flock. All went well, until the farmer killed one of the sheek's offspring, whereupon the ewe collected her remaining lambs, led them into the cave, where they all vanished without trace. The cave was once known as Uaimh na Caorach Glaise.' 'What is the second Mitchelstown cave?' asked Peadar. 'It is known as the New or 1833 cave,' said Mammy. 'It was discovered in that year by a quarrying labourer. This is a spacious, many-chambered cave over 450 m long overall.'

Máire read all she could find about caves. She discovered that one of the most important cave regions in Ireland is the Burren in Co Clare, where almost thirty miles of caves, stream passages and potholes have been surveyed and examined.

She discovered that there is a particularly high cave in Co Sligo which is known as Diarmaid agus Gráinne's cave. It has an impressive entrance, and is 30 m wide and 13 m high.

---

pluais agus aolchoinnle agus aolchuisní istigh inti/ cave with stalactites and stalagmites.

Crannóga
Lake-dwellings

Some people in ancient Ireland built their homes in a very strange way. First they found a suitable shallow lake. They constructed an artificial island some distance from the shore, by putting down layers of peat, stone, brushwood, logs and straw. In fact, they used any available materials. Pointed timbers were driven through the layers here and there to strengthen them, and a palisade of the same timbers was constructed around the edge of the island as a protection. The finished dwelling place was known as a crannóg, from the word *crann*. Crannóga were inhabited for a period extending from the Early Bronze Age to the seventeenth century. They were reached by boat in some cases and in others by a wooden causeway. Occasionally the residents used stepping stones to get to dry land. The inhabitants were mainly farmers who cultivated land on the nearby shore, although slag heaps and old vessels in certain locations tell us that they were probably used as metal workshops.

They must have been cold, damp, unhealthy places to live in. Some of them had to be abandoned because the floors sank below the water level. But the moisture that must have been uncomfortable for the residents has been a blessing for the archaeologist, as it tends to preserve objects which would decay completely under drier conditions. Thus crannóga have preserved for us articles made of wood, leather and textiles, and from these we can imagine fairly clearly what the lives of the occupants must have been like.

Mar shampla, tá a fhios againn go raibh duine ina chónaí i mBaile an Doire ar theorainn na hIarmhí agus Uíbh Fhailí. Is dócha gur feirmeoir saibhir a bhí ann. Thóg sé crannóg dó féin ar an loch. Chuir sé sraith* craobhacha* ar íochtar an locha agus chuir sé géag bhreá láidir a raibh bior uirthi tríothu chun iad a ghreamú. Thosaigh sé ag tógáil a chrannóige. Bhí bád fada aige déanta as stoc* crainn. Théadh sé féin agus a bhean agus a chlann agus a gcairde isteach is amach go dtí an mhórthír* sa bhád sin. Thóg sé teach ciorclach ar urlár na crannóige, agus bhí géag mhór amháin ag coimeád an dín in airde. I lár an urláir a bhíodh an tine aige. Bhí dealg* dheas ornáideach* aige chun a chlóca a shocrú. Bhí claíomh álainn aige freisin a raibh dornchla* airgid air. Is dócha gur ar an Mór-Roinn a fuair sé an claíomh, nó b'fhéidir gur bhuaigh sé ó na Lochlannaigh* é i gcath.

Nuair a thiteadh an oíche, lasadh sé an lampa. Babhla cré-umha* a bhí aige mar lampa, taobh amháin de cruinn agus an taobh eile gobach*. Bhí stráinín (strainer) in aice leis an taobh biorach, agus choinníodh sé an buaiceas (wick) anseo. Nuair a bhíodh an lampa ar lasadh, thógadh an líon tí amach an clár imeartha, agus chaithidís tamall den oíche ag imirt cluichí.

Tá an t-eolas seo ar fad againn ó na hiarsmaí* a fuair na seandálaithe* nuair a thosaigh siad ag tochailt san áit a raibh an chrannóg.

Is féidir linn teacht ar a lán eolais i dtaobh mhuintir na hÉireann fadó nuair a fhéachaimid ar na rudaí a d'fhág siad ina ndiaidh. Is fiú go mór cuairt a thabhairt ar an músaem agus feicfidh tú éadaí, uirlisí, airm chatha agus ornáidí ár sinsear ar taispeáint ann.

---

1 crannóg a tógadh sa bhliain 1975 i gCreagán Eoghain, Co an Chláir mar léiriú ar an saghas ruda a bhí ann/ conjectural reconstruction of a crannóg which was built in 1975 in Craggaunowen, Co Clare
2 clár imeartha Éireannach/Irish gaming board
3 lampa a chrochtaí/hanging lamp. Fuarthas 2 agus 3 i gcrannóg i mBaile an Doire, Co na hIarmhí/ 2 and 3 were found in excavations in Ballinderry, Co Westmeath.

Ráthanna agus dúnta
Ringforts and hillforts

'Níor mhaith liom dul go dtí an lios istoíche' arsa Máire. 'Cén fáth?' arsa Peadar. 'Mar tá púcaí ann' arsa Máire. 'Nach tusa an óinseach' arsa Peadar. 'Bhíodh daoine ina gcónaí sna liosanna fadó.' Fuair sé leabhar agus thug sé do Mháire é. 'Féach' ar seisean 'geobhaidh tú go leor eolais ansin.'

Fuair Máire amach go bhfuil na ráthanna ar na hiarsmaí* is spéisiúla agus is coitianta atá againn den seansaol in Éirinn. Ainm eile ar na ráthanna seo is ea liosanna. Tá níos mó ná 30,000 díobh ar fad sa tír. Ceaptar gurb iad na hÉireannaigh is túisce a thóg ráthanna mar níl siad coitianta in aon tír eile. Aon teach amháin nó grúpa tithe a bhíodh ann. Bhíodh claí timpeall air agus díog freisin. Uaireanta bhíodh dhá bhalla nó trí timpeall orthu. Ní dún míleata a bhí ann ach áras cónaithe a thugadh cosaint* áirithe dá mhuintir. D'fhéadfaí eallach a choinneáil slán sábháilte ó ionsaí laistigh de na ballaí. Dhéantaí ballaí na ráthanna de chré de ghnáth, ach uaireanta bhídís déanta de chloch, go háirithe sa deisceart. *Cathair* nó *caiseal* a thugtar ar na ráthanna a bhfuil ballaí cloch orthu. Sampla maith de chaiseal is ea Caiseal na Stéige i gCo Chiarraí. Tá seomraí tógtha istigh sna ballaí féin sna caisil seo.

Is féidir rian na bpáirceanna agus na gcosán, a leag lucht na ráthanna amach fadó, a fheiceáil ón aer. Tá a fhios againn anois go raibh na ráthanna seo á dtógáil ó dheireadh na Cré-Umhaoise* ar aghaidh agus go raibh siad fós in úsáid ag daoine le linn an seachtú haois déag.

Ar bharr cnoic a thógtaí na ráthanna. Ceapann cuid de na seandálaithe* go raibh baint acu le cúrsaí creidimh agus gur tógadh iad mar ionaid searmanas*. Ceapann cuid eile acu gur dúnta cosanta* amháin a bhí iontu. Is cinnte gur ionad cosanta a bhí in Eamhain Mhacha, atá lasmuigh d'Ard Mhacha.

The evidence suggests that Eamhain Mhacha was inhabited from around 700 BC. The remains that were found in the dún reveal that a round house within the enclosure was renewed eight times on the same location. This structure must have had a considerable significance, as it was eventually encased, while still standing, in a mound of stone, turf, and soil. We do know, of course, that Eamhain Mhacha was the ancient royal seat of Ulster. This is where Conchubhar Mac Neasa lived, together with Cúchulainn and the Red Branch Knights and the legendary Queen Macha herself.

The hillfort of Rathgall in Co Wicklow contained a Late Bronze Age workshop. Broken moulds which had been used to cast swords, spearheads and axes were found here, and one fragment still contained a broken blade which had been discarded because it had fused with the clay of the mould. It is possible that gold was also worked in Rathgall, because some pieces of gold have been found in the remains.

Rathgall was occupied from about 980 BC to 265 BC. Recent excavations have shown that Dún Ailinne hillfort at Knockaulin near Kilcullen, Co Kildare was probably in use from the Late Bronze Age until around 1800 AD. It is thought that this site was originally the seat of the Kings of Leinster, and has been mentioned in tradition as a wintering place of Fionn and the Fianna.

---

1 radharc ón aer ar Ráth Geal agus tochailtí ar siúl/ aerial view of Rathgall hillfort during excavation
2 ráth ag Ard Sóirín, Co Shligigh/earthen bank fort at Ardsoreen, Co Sligo
3 Caiseal na Stéige, Co Chiarraí/stone fort at Staigue, Co Kerry.

Seodra ársa
Ancient jewellery

There are beautiful treasures made of Irish gold, both in our own National Museum and in other museums all over the world. Many of these were made in prehistoric times. A gold disc dating from before 2000 BC was found in the vicinity of Ballyshannon, Co Donegal in the year 1670. It seems to have been a dress ornament. In it there are two holes as you would find on a button, through which it could be attached to a garment. The gold in this sun disc is so thin that it must have had some form of backing when it was worn.

Lunulae are also extremely thin and light. They were worn around the neck, and were usually decorated with a very fine engraving of lozenges, chevrons and triangles. They were considered very valuable and their owners often stored them in wooden cases. One of these lunulae was found with its case in a bog in Co Cavan.

Torcs often contained massive amounts of gold. Four flat gold plates were soldered together to form a cross. Round metal bars were placed between the arms of the cross and twisted, so that the finished torc looked like a gold spiral. Torcs were worn as necklaces, bracelets, belts and armlets. Thirty-one of them have been found in Ireland—in Tipper, Co Kildare and on the Hill of Tara, for example.

I gceantar Luimnigh is mó a fuarthas na muincí* móra óir seo. Tá siad maisithe* níos fearr ná na luanlaí*, agus tá dhá chiorcal greanta* ar gach ceann acu. Chaití iad timpeall an mhuiníl.

Bhíodh fáinní ag na cailíní dá gcuid gruaige. Bhídís an-álainn ar fad. Dhéantaí d'ór iad de ghnáth agus bhíodh oscailt chúng iontu chun an ghruaig a cheangal. Bhíodh dealga* ag na Gaeil freisin chun na clócaí a shocrú. Bhídís sin déanta de chré-umha* agus bhíodh ciorcal snoite* ar a mbarr.

Ceangal eile ar bhrat ba ea an fiobúl. Bhíodh sé sin cosúil leis an gceangal a bhíonn ar chóta dufail an lae inniu, ach go mbíodh sé déanta d'ór. Bhíodh cuid de na fiobúil suas le 500 g meáchain. I mí an Mhárta 1854, nuair a bhí iarnród an Chláir á thógáil, fuair na fir oibre suas le céad fiobúl faoi chloch mhór nuair a bhog siad í. Ba é sin an bailiúchán is mó d'earraí déanta d'ór ón seansaol a fuarthas riamh i dtuaisceart na hEorpa.

Fuarthas píosaí móra óir i gCo Dhoire sa bhliain 1896. I bpáirc fheirme a bhí siad sin. Bhí torc fíorálainn greanta* ann a raibh ceangal neamhchoitianta ar a chúl. Agus bhí báidín gleoite óir ann, le maidí rámha agus crann seoil.

Is í Dealg na Teamhrach (Tara Brooch) an tseoid Éireannach is mó cáil, is dócha. Feicfidh tú dealga den déanamh céanna á gcaitheamh ag mná, agus bíonn siad go minic ar chultacha rince. Timpeall 750 AD a rinneadh an dealg seo. Cruth ciorclach atá uirthi agus tá sí 8 cm trasna ó thaobh go taobh. Rinneadh d'airgead í agus tá plátaí triantánacha* greamaithe di. Tá ainmhithe greanta ar na plátaí seo, agus tá a lán obair fíolagráin* óir freisin uirthi. Tá cuid den obair seo chomh mion nach féidir í a fheiceáil gan mhicreascóp. Cuimhnigh freisin nach raibh aon mhicreascóp ag na daoine sin a rinne í.

---

1 *diosca gréine/sun disc*   2 *luanla/lunula*
3 *Torc Bhrú Íochtar/Broighter Torc*
4 *dealg na Teamhrach/Tara brooch*   5 *fiobúl/fibula*
6 *fáinní gruaige/lock-rings*
Ceaptar gur mar seo a chaití an seodra anallód/
It is thought that the jewellery was worn in this manner.

Cloigthithe, ardchrosa
Round towers, high crosses

The traditional Irish method of building in stone was in the round. Buildings ranged from the fairly simple clochán to the impressive grandeur of structures like Caiseal na Stéige, Co Kerry. This kind of building was all of dry stonework, that is, without mortar. Mortar was introduced to Ireland by the Christian missionaries, and it led to many architectural developments, of which the round tower is one. This is basically an elongated *clochán*. The sixty-five round towers which are still standing or partially standing are all associated with monastic settlements, and were built to a very uniform design. They are all between fourteen and seventeen metres wide, built on shallow foundations and with walls that slope gently inward. This inward slope gave the towers their great strength, as it means that the entire circle of the wall leans inwards on itself. They generally consisted of at least five storeys. There was a window on each of these and four or more windows at the top of the tower immediately below the conical cap. None of the original internal woodwork survives today, but in a number of cases the landings joined by flights of stairs have been reconstructed enabling one to climb to the top.

The main purpose of the round towers was to act as a bell tower as the name *cloigtheach* indicates. They were occasionally used as beacons or watchtowers. The fact that the door was well above ground seems to indicate that they had some protective function, and were used as places of refuge for the monks and monastery treasures in times of danger. It is important to note however that the positioning of the door fairly high up in the building adds considerably to its structural strength. The tower on Scattery Island in the mouth of the Shannon has a door at ground level. This, and the rather crude style of the construction, may indicate that Scattery was one of the earliest of the towers. Later towers have a certain amount of ornamentation in their design, particularly in the door surrounds. Timahoe, Donoghmore and Dromiskin are examples.

Tá cuid de na crosa áille a bhíodh coitianta in Éirinn fadó le feiceáil fós. Is dócha gurb iad seo na samplaí is fearr de chlocha snoite* atá le feiceáil againn inniu. Galláin* shimplí ba ea na cinn is túisce a rinneadh sa seachtú haois. Is féidir samplaí den obair sin a fheiceáil i gCarn Domhnach, Co Dhún na nGall.

Rinneadh na crosa ab fhearr ar fad sa deichiú haois, agus tá samplaí áille fágtha fós againn i gCluain Mhic Nóis, i gCeanannas, i nDarú agus i Mainistir Bhuithe. Bhí radairc ón mBíobla snoite ar na clocha seo. Bhíodh Páis ár dTiarna, Lá an Bhreithiúnais agus Peaca an tSinsir ann go coitianta. Nílimid cinnte ar tógadh iad seo mar chlocha cuimhneacháin* ar uáigheanna nó díreach mar chineál de Bhíoblaí léirithe, chun creideamh na ndaoine a spreagadh* faoi mar a úsáidtear dealbha agus pictiúir inniu.

Faoin mbliain 1100 AD bhí athruithe áirithe tagtha ar dhearadh na gcros. Fíoracha* de Chríost agus den easpag agus den ab áitiúil ba choitianta anois, agus painéil d'ainmhithe fite fuaite ar a chéile a bhíodh ar an gcuid eile den chros. I nDíseart Tóla, i dTuaim agus ar Árainn atá na samplaí is fearr den stíl seo croise le feiceáil inniu.

---

1 *cloigtheach in Aird Mhór, Co Phort Láirge mar aon le plean an tí/ round tower at Ardmore, Co Waterford and plan of same* 2 *cloigtheach i gCill Mhic Dhuach, Co na Gaillimhe/ round tower at Kilmacduagh, Co Galway* 3 *clochán* 4 *ardchros de chuid na seachtú haoise/seventh century high cross* 5 *ardchros de chuid na deichiú haoise/tenth century high cross* 6 *ardchros de chuid na dara haoise déag/twelfth century high cross.*

Caisleáin agus tithe túir
Castles and tower houses

The Normans first came to Ireland in 1169, and thereafter conquered most of the country. They built many strongholds in order to protect the territory which they had conquered. The earliest of these were the mottes, which consisted of manmade mounds of earth, flat on top. On this they erected wooden towers. Around the base of the mound they built a larger enclosure known as a bailey. This is where they kept their cattle and supplies safe from attack by the Irish. By now of course, the wooden towers have vanished completely, but many of the mottes can still be seen. A natural mound which was shaped into a motte-and-bailey may be viewed at Crossakeel in Co Meath, and others are to be found in Ardscull, Co Kildare, and Callan, Co Kilkenny, to mention but a few.

The wooden towers, however, were not satisfactory. They were weak under attack. There was a constant danger of fire, so the kitchens had to be sited in separate buildings. By the thirteenth century the Normans had gained a firm hold, and they took the opportunity to build more permanent strongholds. Many stout stone castles were erected during this period. They generally consisted of a rectangular stone keep, surrounded by a massive wall in which there were often four or six towers. Trim Castle in Co Meath is still a most impressive sight. The keep consists of a massive tower with walls over three metres thick. It was divided into two main parts, firstly the hall and secondly the bedroom or chamber. A great curtain wall containing five D-shaped towers was built around the keep, and a moat surrounded this.

Le himeacht aimsire de réir mar a bhí na Normannaigh ag socrú síos in Éirinn thosaigh siad ag déanamh aithrise* ar na Gaeil—ní raibh gá acu le caisleáin chomh daingean* le Caisleán Bhaile Átha Troim. Sin é an uair a thosaigh siad ar na tithe túir a thógáil. Tithe teanna* cloiche is ea iad seo, iad cúig urlár ar airde de ghnáth. Uaireanta bhíodh túir bheaga ag cúinní an tí—feicfidh tú i gCaisleán Bhun Raite fós iad. Smaoineamh Éireannach ar fad a bhí sna tithe túir seo. Ní bhíonn siad le fáil aon áit eile. Bhain siad leis na Normannaigh amháin ar dtús ach ní fada gur lean na Gaeil an sampla. Thóg siad tithe maithe daingne dóibh féin. Ba iad muintir Chonchubhair i gConnacht an chéad dream Éireannach a thóg caisleán ar an nós Normannach. Bhí sé tógtha acu faoin mbliain 1300. Deirtear go raibh ceann ag Gráinne Ní Mháille freisin, ar Chliara, oileán amach ó chósta Mhaigh Eo.

Bhíodh na hairm throda i seomra an gharda. Bhíodh an seomra sin agus stórais eile ar urlár na talún sna tithe túir. Fuinneoga beaga caola a bhíodh ar an urlár seo toisc go bhfeadfaí iad a chosaint* gan mórán deacrachta. Bhíodh boghta cloiche (stone vault) os cionn an urláir seo agus ceann eile ag tacú* an dín. Bhíodh fuinneoga móra uaireanta ar urláir arda an tí, go háirithe sa halla, mar chaitheadh muintir an tí an-chuid ama ansin.

Níos airde fós ná sin théadh muintir an chaisleáin a chodladh sa suanlios*. Ar bharr an chaisleáin ar fad a bhíodh an chistin acu.

Tá sé an-spéisiúil cuairt a thabhairt ar chuid de na caisleáin seo. Tuigfidh tú an obair ar fad a rinne na daoine a thóg iad. Tá na caisleáin tógtha chomh maith sin go seasann siad fós, agus smaoinigh nach raibh inneall ná meaisíní ag daoine an uair sin chun an obair a dhéanamh.

---

1 *léiriú samhailteach de mhóta agus bábhún/ conjectural reconstruction of motte-and-bailey*
2 *Túr Bhaile Uí Lia/Ballylee Tower House*
3 *léiriú samhailteach de Chaisleán Bhaile Átha Troim/ conjectural reconstruction of Trim Castle.*

Gluais
Glossary

A

aibigh aibíonn barra agus torthaí go dtí go mbíonn siad réidh le baint nó le hithe *(ripen)*

aimsigh is ionann marc a aimsiú agus an marc a bhualadh. Má thagann tú ar rud atá tú a lorg aimsíonn tú é *(find)*

aisteach ait. Ní hé an gnáthrud é *(peculiar)*

aiteann tor beag a fhásann coitianta in Éirinn. Bíonn bláthanna buí air, agus bíonn mórán deilgne air *(furze)*

aithris is ionann aithris a dhéanamh ar dhuine agus an rud céanna a dhéanamh is a dhéanann seisean *(imitation)*

ál scata éiníní nó ainmhithe óga a thagann ar an saol ag an am céanna *(clutch)*

allmhairigh earraí a dhéantar i dtíortha iasachta a dhíol sa tír seo *(import)*

amh gan a bheith cócaráilte *(raw)*

Annála Ríochta Éireann stair na hÉireann ó thosach aimsire a chuir Mícheál Ó Cléirigh agus triúr eile le chéile i nDún na nGall sa bhliain 1644 mar fhoinse eolais *(Annals of the Four Masters)*

annamh rud annamh is ea rud nach dtarlaíonn go minic *(seldom)*

an-tairbhe féach tairbhe

aol an tsubstaint bhán a fhaightear nuair a dhéantar aolchloch a théamh. Baintear feidhm as chun suimint a dhéanamh *(lime)*

aolchloch saghas áirithe cloiche. Cailciam carbónáite is mó atá inti *(limestone)*

B

ball spota *(spot)*

bídeach an-bheag ar fad *(tiny)*

bleibín an chuid chruinn sin de bhláthanna áirithe a bhíonn faoi thalamh *(bulb)*

bogha báistí stua álainn a bhíonn le feiceáil sa spéir nuair a shoilsíonn an ghrian tríd an bhfearthainn, stua ceatha *(rainbow)*

boilgín liathróid bheag aeir *(bubble)*

brat clúdach mar a bheadh sneachta ar pháirc *(carpet)*

brath bíonn tú ag brath ar rud nuair nach féidir leat déanamh gan é *(depend)*

bréan míthaitneamhach, gránna *(stinking)*

breosla ábhar tine *(fuel)*

brú meáchan a leagtar ar rud nó ina choinne *(pressure)*

C

caladh áit a mbíonn longa sula dtéann siad amach ar an bhfarraige *(harbour)*

calafort port a dtagann longa i dtír ann *(harbour)*

caonach planda glas gan aon bhláth a fhásann in áiteanna taise, ar sheanchlocha agus ar stoic seanchrann, mar shampla *(moss)*

carnaigh bailiúchán rudaí a chur anuas ar a chéile in aon áit amháin *(pile)*

ceann tíre stiall talún ag gobadh amach san fharraige *(headland)*

ceant cuirtear rud ar ceant nuair a dhíoltar go poiblí é ar an bpraghas is airde is féidir a fháil air *(auction)*

ceilt bheith i bhfolach. Ciallaíonn sé freisin gan rud a thaispeáint *(hide)*

ceimiceán ábhar a fhaightear le próiseas ceimiceach *(chemical)*

ceirín ábhar bog agus éadach thart air, a chuirtear ar bhall tinn den chorp *(poultice)*

cill aonad beag ábhair atá beo *(cell)*

ciorclach cruth fáinne a bheith ar rud *(circular)*

ciumhais focal eile ar imeall *(edge)*

cladach an talamh atá taobh leis an bhfarraige *(shore)*

clais roc, líne gearrtha isteach i rud *(furrow)*

clapsholas tréimhse idir an lá agus an

oíche sula n-éiríonn sé dorcha ar fad *(twilight)*
cliabh ciseán le rudaí a iompar ar do dhroim *(pannier)*
cliabhán leaba do bhabaí *(cradle)*
cliathán taobh. Siúlann ainmhí ar a chliathán nuair a shiúlann sé leataobhach *(side)*
clisteacht éirim *(intelligence)*
cloichín liathróidín bheag ornáideach mar a bheadh ar bhráisléad *(bead)*
clúid oighir brat oighir a chlúdaíonn cuid mhór talún *(ice-sheet)*
clúmh an clúdach bog mín a bhíonn ar chorp éin nó ainmhí *(down)*
cnámharlach cnámha agus fráma an choirp *(skeleton)*
cnapán cuid de rud atá níos airde ná an chuid eile *(lump)*
cnocán cnoc beag *(mound)*
coinlín gas arbhair i ndiaidh a bhainte *(cut cornstalk)*
coirt an craiceann a bhíonn ar chrann *(bark)*
comhartha eolas roimhré. Nuair a fheiceann daoine scamaill bíonn siad ag súil le báisteach. Mar sin, is comhartha drochaimsire iad na scamaill *(sign)*
cóngarach in aice leat, gan a bheith i bhfad uait *(near)*
cora damba ar abhainn. Ciallaíonn an focal céanna áit a gcuirtear sraith cuaillí in abhainn nó i sruthán chun breith ar iasc *(weir)*
córas bealach chun rudaí a dhéanamh a chleachtann daoine go rialta *(system)*
corcra meascán den dá dhath, gorm agus dearg *(purple)*
corp gach uile chuid shaolta de dhuine nó d'ainmhí *(body)*
cosain coinnigh slán ó ionsaí. Bíonn ar ainmhí é féin a chosaint nuair a thugann ainmhí eile iarracht ar é a mharú *(protect)*
cosanta féach cosain
cothaigh bia a ghlacadh nó a thabhairt *(feed)*
craobh focal eile ar géag *(branch)*
cré-umha miotal déanta de chopar agus stán *(bronze)*
Cré-Umhaois thosaigh an Chré-Umhaois in Éirinn thart ar 2000 RC *(Bronze Age)*
cruach miotal an-láidir a dhéantar as amhiarann *(steel)*
cruimh péist an-bheag *(tiny insect)*
cruinn déanta ar nós fáinne nó liathróide *(round)*
cuileog focal eile ar cuil *(fly)*
cuimhneachán tógtar clocha cuimhneacháin in onóir do dhaoine atá marbh ionas go gcuimhneoidh daoine orthu *(memorial stone)*
cumhacht tá cumhacht ag an rud atá láidir cumasach agus a théann i bhfeidhm ar a thimpeallacht *(power)*
cumhra taithneamhach, deas *(sweet)*
cúng focal eile ar caol *(narrow)*

D

daingean láidir, seasmhach *(firm)*
dallóg fhraoigh mamach an-bheag *(pygmy shrew)*
deic urlár loinge *(deck)*
dealg bior géar mar a bhíonn ar sceach rós nó ar ghráinneog. Deilgne is ea níos mó ná dealg amháin. Tugtar dealg freisin ar bhior a chuireann daoine ina gcuid éadaigh *(thorn)*
deilgne féach dealg
deilgneach lán de dheilgne *(thorny)*
díobháil focal eile ar dochar *(damage)*
dócha an rud is mó a mbeifeá ag súil leis, is é sin an rud is dóichí a tharlódh *(probably)*
dóichí féach dócha
dornchla lámh claímh *(hilt)*
dúchasach deirtear go bhfuil ainmhí nó planda dúchasach in Éirinn má bhí sé sa tír seo riamh is nár tugadh isteach ón iasacht é *(native)*
dúghorm meascán den dá dhath, dubh agus gorm *(navy blue)*
dúiche focal eile ar ceantar *(district)*
dúil bíonn dúil ag duine nó ag ainmhí i gcineál áirithe bia má bhíonn an-fhonn air an bia sin a ithe. Ciallaíonn

an focal céanna rud beo *(attraction, living thing)*

duillsilteach crann duillsilteach is ea crann a dtiteann a chuid duilleog de san fhómhar *(deciduous)*

dúthrachtach díograiseach, ag obair go dian *(diligent)*

E

éadomhain gan a bheith domhain. Tá an t-uisce éadomhain áit nach bhfuil ach achar gearr idir a bharr agus a bhun *(shallow)*

ealta scata éan *(flock)*

ealaíontóir duine a bhíonn ag péinteáil pictiúr *(artist)*

eas uisce ag titim ó thalamh ard anuas ar thalamh níos ísle *(waterfall)*

easláinte drochshláinte, breoiteacht *(ill health)*

eite sciathán beag a bhíonn ar éan *(wing)*

eolaí fear a bhfuil a lán eolais aige i dtaobh na heolaíochta *(scientist)*

eolaíoch bunaithe ar an eolaíocht, rud nach dtarlaíonn go nádúrtha *(scientific)*

F

fál sreinge balla déanta de shreang thart ar phíosa talún *(wire fence)*

fána dul le fána, sin dul síos cnoc *(slope)*

fásra na plandaí a fhásann in áit *(vegetation)*

feachtas scéim ghníomaíochta a chuirtear i bhfeidhm le cuspóir áirithe a bhaint amach *(campaign)*

fearas gléas *(piece of equipment)*

feoigh feonn bláthanna agus plandaí nuair a éiríonn siad sean, tirim agus tréigthe *(wither)*

feoite féach feoigh

fiach focal eile ar seilg. Ciallaíonn sé a bheith sa tóir ar ainmhí chun breith air agus, de ghnáth, chun é a ithe *(hunt)*

fiar deirtear go bhfuil rud ar fiar má tá sé ar sceabha nó claonta *(oblique)*

filleadh rud a dhúbailt ar ais air féin *(fold)*

fíolagrán obair ornáideach a dhéantar le snáithíní óir agus airgid *(filigree)*

fionnadh an clúmh mín a bhíonn ar ainmhithe *(fur)*

fionnuisce uisce úr oiriúnach le hól mar a bhíonn i lochanna agus in aibhneacha *(freshwater)*

fíor cruth duine atá greanta nó snoite, de ghnáth, le hadhmad nó le cloch *(figure)*

fíornimhiúil féach nimhiúil

fiosrach ainmhí fiosrach is ea ainmhí a chuireann an-spéis sna rudaí atá timpeall air *(inquisitive)*

fite fillte agus lúbtha thart air féin *(woven)*

flúirseach a lán de ann *(plentiful)*

foluain ar snámh san aer *(floating, hovering)*

fothain cosaint ón ngaoth *(shelter)*

fréamh an chuid de phlanda nó de chrann atá faoin talamh *(root)*

fréamhaigh fréamhacha a chur síos *(take root)*

fuadar bíonn fuadar faoi dhuine nuair a bhíonn deifir air *(rush)*

fuinniúil láidir, lán de neart is d'fhuinneamh *(energetic)*

fuíoll an rud a bhíonn fágtha agus a bhíonn le caitheamh amach. Fuíoll éisc is ea na píosaí a bhíonn fágtha tar éis an t-iasc a bheith glanta *(waste)*

G

gabhlóg slat le dhá bheangán a bhfuil cuma foirc uirthi *(forked stick)*

gairbhéal clocha beaga bídeacha *(gravel)*

gaiste gléas a úsáidtear chun breith ar ainmhithe agus ar éin *(trap)*

gallán cloch mhór láidir atá ina seasamh le fada agus tábhacht ar leith ag baint léi *(standing stone)*

gann bíonn rud gann nuair nach bhfuil mórán de le fáil agus a bhfuil sé deacair teacht air *(scarce)*

gas cos planda *(stem)*
geadán paiste *(patch)*
gearrcach éan óg *(fledgling)*
gin is ionann leictreachas a ghiniúint agus leictreachas a dhéanamh *(generate)*
glár an chré agus an láib a scuabann an abhainn chun siúil léi agus a fhágann sí ina diaidh áiteanna eile *(alluvium)*
glioscarnach spréacharnach *(sparkling)*
gobach biorach *(pointed)*
gor bíonn éan ar gor ar a cuid uibheacha nuair a bhíonn sí ina suí orthu sula mbeirtear na gearrcaigh *(hatch)*
gráinneog mamach beag a chónaíonn sa choill. Bíonn a lán deilgne ar dhroim na gráinneoige *(hedgehog)*
greamaigh rudaí a chur le chéile sa tslí gur deacair iad a scaradh arís *(stick)*
greanta patrún gearrtha amach as adhmad nó as miotal *(graven)*
gréasán patrún *(pattern)*
greim nuair a bheireann tú ar rud bíonn greim agat air *(grip)*
grinneall urlár na farraige *(seabed)*
guma coganta cineál milseáin a bhíonn daoine ag cogaint agus blas torthaí air *(chewing gum)*

I

iarsma an rud a bhíonn fágtha i ndiaidh gach rud eile. Baineann sé leis an seansaol *(remains)*
imeall an chuid is faide amach ar gach taobh. Focal eile ar ciumhais *(margin)*
inbhear áit a dtéann abhainn isteach san fharraige *(estuary)*
iníor innilt. Bíonn ainmhithe ag iníor nuair a bhíonn siad ag ithe féir *(grazing)*
iomaire stiall talún atá níos airde ná an talamh ar gach taobh di *(ridge)*
iompaigh cas thart *(turn)*
ionsaigh is ionann rud a ionsaí agus tabhairt faoi chun é a ghortú *(attack)*

íor na spéire an áit a dtagann an talamh agus an spéir le chéile chomh fada amach agus is féidir leat breathnú *(horizon)*
ithir an chré *(soil)*

L

laghdaigh nuair a laghdaíonn tú rud bíonn sé níos lú ná mar a bhí sé. Nuair a thagann laghdú ar rud ní bhíonn an oiread céanna ann is a bhí go dtí sin *(reduce)*
lag trá nuair a théann an taoide amach bíonn lag trá ann *(low tide)*
láib cré bhog fhliuch *(mud)*
lámhach scaoileadh le gunna *(shoot)*
langa iasc grinnill atá coitianta in Éirinn *(ling)*
lann tugtar lann ar an gcuid ghéar sin den scian a bhfuil faobhar uirthi *(blade)*
lasta na hearraí a bhíonn á n-iompar ar bord loinge *(cargo)*
léargas bíonn léargas maith agat ar rud nuair is féidir leat é a fheiceáil go soiléir *(visibility)*
leasachán ábhar a leagtar ar an talamh chun é a fheabhsú *(fertiliser)*
leasaigh feabhsaigh *(fertilize)*
leata féach leath
leath is ionann ábhar a leathadh ar an talamh agus é a scaipeadh ar an talamh *(spread)*
leathrach cuma leathair a bheith ar rud. Is é is leathar ann ná craiceann ainmhí a ndéantar bróga agus lámhainní as *(leathery)*
ligh is ionann rud a lí agus é a chuimilt le do theanga *(lick)*
líon focal eile ar méid *(amount, number)*
líonmhar focal eile ar flúirseach *(plentiful)*
lios saghas rátha. Áit chruinn, ar chnoc de ghnáth *(ring-fort)*
lobh imeacht ó mhaith. Tosaíonn torthaí ag lobhadh nuair a éiríonn siad bog agus nach féidir iad a ithe *(rot)*

Lochlannach duine ó Chríoch Lochlann. Tháinig na Lochlannaigh go hÉirinn ar dtús míle bliain ó shin *(Viking)*
lochtach bíonn rud lochtach nuair a bhíonn rud éigin mícheart leis *(faulty)*
lofa féach lobh
logainm ainm áite *(placename)*
loinnir solas nó gile *(brightness)*
longbhriseadh long a bheith ag briseadh ar na carraigeacha, de ghnáth le linn stoirme *(shipwreck)*
luachmhar luach mór a bheith air *(valuable)*
luaithreadán árthach ina gcuirtear luaith tobac *(ash-tray)*
luanla maisiú a chaitheadh daoine timpeall an mhuiníl *(lunala)*

M

mair is ionann maireachtáil agus bheith beo *(live)*
maisigh cuma dheas a chur ar rud. Maisímid crann Nollag *(decorate)*
maitheas is ionann maitheas a dhéanamh agus dea-rud a dhéanamh *(goodness)*
mamach ainmhí a chuireann bainne ar fáil dá hóga *(mammal)*
manach fear a chónaíonn i mainistir agus atá ina bhall de ghrúpa a chleachtann creideamh áirithe *(monk)*
meall is ionann ainmhí a mhealladh chugat agus fonn a chur air teacht chugat *(lure)*
meitheal buíon fear a bhíonn ag obair le chéile *(work team)*
mianach stóras mianra faoi thalamh. Oibríonn daoine sna mianaigh chun an t-ábhar luachmhar a bhaint amach astu *(mine)*
mianra ábhar luachmhar sa talamh. Tá mianraí áirithe riachtanach do shláinte a gcorp ag daoine agus ag ainmhithe *(mineral)*
míorúilteach deirtear go bhfuil rud míorúilteach nuair is rud iontach é nach bhfuil aon mhíníú nádúrtha air *(miraculous)*

mórán a lán, cuid mhór *(many)*
mór-roinn ceann de ranna móra an domhain *(continent)*
mórthír an tír a bhfuil oileán taobh léi *(mainland)*
múch solas nó tine a chur as *(extinguish)*
muince ornáid thart ar do mhuineál *(necklace)*

N

neadaigh nead a dhéanamh *(nest)*
neamhchoitianta as an ngnáth *(unusual)*
nimh ábhar a dhéanann dochar don duine *(poison)*
nimhiúil ábhar a bhfuil nimh ann, tá sé nimhiúil. Déanann rud nimhiúil dochar don duine *(poisonous)*

O

oilithreacht turas creidimh a thugtar ar ionad naofa *(pilgrimage)*
ordóg focal ar mhéara portáin *(crab's leg)*
ornáideach maisithe go deas *(ornate)*

P

píobán píopa beag *(tube)*
píonós cuirtear píonós ar dhuine má bhriseann sé an dlí nó má dhéanann sé rud mícheart *(penalty)*
plá tugtar plá ar ghalar a leathann ar fud na háite *(plague)*
poc fia fireann *(buck)*
port fonn nó amhrán *(tune)*
próca árthach a gcoinnítear torthaí nó subh ann. Bíonn sé déanta de ghloine de ghnáth *(jar)*
próiseáil is ionann iasc nó feoil a phróiscáil agus athruithe áirithe a dhéanamh air. Déantar go minic é chun gur féidir an t-iasc nó an fheoil a choinneáil tamall sula n-itear é *(process)*

R

rabhadh focal eile ar foláireamh *(warning)*
rabharta taoide tuile *(flood tide)*
raic i ndiaidh longbhriste scuabtar carraí de dheic na loinge agus tagann siad i dtír leis an taoide. Raic a thugtar ar na hearraí sin *(wreckage)*
raithneach planda a fhásann coitianta in Éirinn. Ní bhíonn aon bhláth air *(fern)*
ramallach sleamhain *(slimy)*
ráthaíocht bíonn iasc ag ráthaíocht nuair a bhíonn na mílte acu ag snámh le chéile *(shoaling)*
réigiún ceantar no cuid d'áit *(region)*
réise is ionann réise éin nó ainmhí agus an fad is mó idir an dá phointe is faide ó chéile agus baill uile an choirp sínte amach *(span)*
righin deacair a lúbadh nó a bhriseadh *(stiff)*
róchóngarach féach cóngarach
ronnach ainm eile ar maicréal nó murlas *(mackerel)*
ropaire meirleach, duine atá ag teitheadh ó lucht an dlí *(rapparee)*
ruainne píosa beag *(particle)*

S

sáigh brúigh isteach *(push)*
sáile uisce na farraige *(salt water)*
salachar brocamas, bruscar *(dirt)*
scadán iasc a itear coitianta in Éirinn *(herring)*
scag an t-uisce a bhaint as rud nó rud a bhaint as uisce *(strain)*
scamhóg nuair a análann tú líontar na scamhóga le haer *(lung)*
sceith sceitheann abhainn nuair a chuireann sí thar a bruacha. Ciallaíonn an focal céanna uibheacha éisc a bhreith *(flood, breed)*
scinn is ionann scinneadh agus gluaiseacht an-tapa *(dart)*
scoilt briseadh fada caol. Má scoilteann tú rud briseann tú é, de ghnáth ina dhá chuid *(split)*
seachain is ionann rud a sheachaint agus gan aon bhaint a bheith agat leis d'aon ghnó *(avoid)*
seandálaí duine a dhéanann obair ar na hiarsmaí den seansaol atá fágtha chun a fháil amach cén saghas saoil a chaitheadh na daoine fadó *(archaeologist)*
seanmhianach féach mianach
searmanas scirbhís eaglasta *(ceremony)*
seile an leacht a bhíonn i mbéal daoine *(saliva)*
síneadh dul i bhfad. Síneadh a bhaint as rud is ea tarraingt a bhaint as, é a dhéanamh níos faide nó níos leithne *(stretch)*
siogairlín tugtar siogairlíní ar bhláthanna a bhíonn ag sileadh de na géaga *(pendant)*
síolrú síolraíonn éan nuair a bhíonn éin óga aige *(breeding)*
siosarnach fuaim S *(hissing)*
slám carn mór, an-chuid *(heap)*
slán sábháilte *(safe)*
slat bata fada tanaí *(rod)*
sleasa féach slios
slios taobh cnoic *(slope)*
smacht bíonn duine faoi smacht ag duine eile nuair atá sé faoi chumhacht an duine sin *(control)*
smúit an deatach agus an salachar a bhíonn san aer *(smuts)*
snáithín sreang an-chaol *(fibre, thread)*
sní deirtear go bhfuil abhainn ag sní nuair a bhíonn sí ag gluaiseacht *(flowing)*
sníomh an dóigh a ndéantar snáth as cadás nó olann nó síoda *(spin)*
snoite gearrtha le scian, greanta *(carved)*
solúbtha furasta a lúbadh *(flexible)*
sorcóireach is ionann rud a bheith sorcóireach agus cruth rollóra a bheith air *(cylindrical)*
spíon focal eile ar dealg *(thorn)*
spré tine bheag *(embers)*
spreagadh is ionann duine a spreagadh chun rud a dhéanamh agus é a mhealladh chuige *(encourage)*
srac stróic. Is ionann sracadh agus páipéar nó éadach a tharraingt ó chéile *(tear)*

sraith líne nó stráice atá leathan agus éadomhain de ghnáth. Bíonn sraitheanna leagtha anuas ar a chéile *(layer, row)*
srannadh glór a dhéanann duine nó ainmhí lena shrón *(snort)*
sreang corda miotail *(wire)*
sreinge féach sreang
sruth uisce a ritheann go leanúnach. Tugtar sruthanna freisin ar ghluaiseachtaí láidre san aer agus san uisce *(stream, current)*
stoc an chuid is láidre de chrann *(trunk)*
stráice stiall nó píosa fada tanaí *(strip)*
strapa céim ar aill *(ledge)*
stríoc líne *(streak)*
suaimhneas síocháin. Tá tú ar do shuaimhneas má tá tú ag ligean do scíthe *(ease)*
suanlios seomra nó halla mór codlata *(dormitory)*
súigh diúl *(suck)*
súil ribe saghas gaiste a úsáidtear chun breith ar ainmhithe *(snare)*

T

tábhacht is ionann an tábhacht a bhaineann le rud agus an gá atá leis *(importance)*
tacaigh is ionann tacú le rud agus cur leis chun go mbeidh sé níos láidre *(support)*
talamh aon áit nach bhfuil faoi uisce. Siúlaimid ar an talamh. Tailte a thugtar ar réimsí móra talún *(lands)*
tairbhe is ionann tairbhe agus maitheas *(good, advantage)*
tais is ionann rud a bheith tais agus fliuchras a bheith ann *(damp)*
taiscumar ionad mór chun uisce a stóráil *(reservoir)*
taise is ionann taise agus fliuchras *(humidity)*
taisce is ionann rud a chur i dtaisce agus é a chur in áit éigin chun é a choinneáil slán sábháilte *(store)*
taobh is ionann a bheith ag caint i dtaobh duine agus a bheith ag caint mar gheall air *(about, concerning)*
tarra substaint ghreamaitheach agus dath dubh uirthi de ghnáth. Déantar as gual nó as adhmad í *(tar)*
téagartha teann, láidir *(sturdy)*
teann láidir, daingean *(firm)*
teilg caith *(cast)*
teorainn imeall áite *(border)*
theas malairt de thuaidh *(south)*
tiarna talún ag na tiarnaí talún a bhíodh an talamh ar fad fadó *(landlord)*
tír tagann éan i dtír nuair a thagann sé isteach ón bhfarraige ar an talamh tirim *(to land)*
tiús má dhéanann tú rud a thomhas óna thosach go dtí a chúl beidh an tiús agat *(thickness)*
tóir dul i ndiaidh rud éigin nó duine éigin *(pursuit)*
tor cineál de chrann beag íseal *(bush)*
toradh is é an toradh a bhíonn ar pholasaí an rud a tharlaíonn dá bharr *(result)*
trá tosaíonn an taoide ag trá nuair a thosaíonn sí ag dul amach arís *(recede)*
trálaer bád iascaireachta chun trálaerachta *(trawler)*
tréad scata caorach nó bó, de ghnáth *(herd)*
treibh scata daoine nó ainmhithe ar ghrúpa iad iontu féin agus iad éagsúil le grúpaí eile *(tribe)*
tréig tosaíonn dathanna ag tréigean nuair a thosaíonn siad ag imeacht as agus ní bhíonn siad chomh suntasach céanna *(fade)*
triantán figiúr a bhfuil trí thaobh dhíreacha air *(triangle)*
triantánach ar chuma triantáin *(triangular)*
troscadh tréimhse gan aon bhia *(fast)*
truaillithe millte ag salachar *(polluted)*
tuile taoide mhór ard *(flood tide)*
tuismitheoir bíonn dhá thuismitheoir ag duine, athair agus máthair *(parent)*

U

uisceadán árthach mór lán d'uisce, déanta de ghloine de ghnáth. Coinníonn daoine iasc ann *(aquarium)*

Innéacs
Index

Liosta atá anseo de na plandaí agus de na hainmhithe uile a luaitear sa téacs agus a léirítear sna léaráidí. Tá leaganacha na n-ainmneacha, idir Ghaeilge, Bhéarla agus Laidin bunaithe ar *ainmneacha plandaí agus ainmhithe—flora and fauna nomenclature* a d'fhoilsigh Oifig an tSoláthair, Baile Átha Cliath, 1978.

Mar áis don léitheoir, luaitear na plandaí agus na hainmhithe sa teanga chéanna ina luaitear iad sa téacs. Ní gá go mbeadh na tagáirtí do *scadán* agus do *herring* inmhalartach go hiomlán, mar shampla. Socraíodh ar an gcóras sin a úsáid ionas nach gcuirfí léitheoirí amú, go háirithe iad sin nach bhfuil an dá theanga ar a dtoil acu. Áit a dtugtar an míniú Béarla ar ainm Gaeilge idir lúibíní sa téacs tá an dá fhocal liostaithe anseo.

This is a complete list of the flora and fauna which are mentioned in the text or are illustrated in the pictures. The forms of the names of plants and animals in Irish, English and in Latin are based on *ainmneacha plandaí agus ainmhithe—flora and fauna nomenclature* which was published by the Stationery Office.

To aid the reader, the plants and animals are listed in the language in which they appear in the text. Therefore, the references to *scadán* and *herring* for example, are not necessarily mutually interchangeable. This system was selected to prevent confusing the reader, particularly people who are not proficient in both languages. Wherever the English equivalent of an Irish name occurs in parentheses in the text both words have been listed here.

A

Actinia equina 13
adharc an phúca 66, 67
agairg 66
agaric 66
aifid 124
aiméibe 112, 113
aiteann 70, 78
aiteann gaelach 78, 79, 86
aiteann gallda 78, 79
alder 94
Alpach 76
Alpine 76
amoeba 113
anchovies 28
Andromeda 128
anemone, sea 12
ant 66

arbutus 56, 57, 60
argas donn 9
ascaid 11
ascidian 10, 11
ash 56, 57
ash, mountain 56, 57
avens, mountain 76, 77

B

badger 60, 64, 65, 70, 126
bádóir 92, 93
bainne bó bleachtáin 74
bainne caoin 76, 77
bairneach 6, 7, 10, 11
bairneach fionnuisce 90
bánóg mhór 73
barnacle 4, 5, 10, 11, 12
bás dorcha 118

bat 118
bat, Leisler's 118
bat, long-eared 118, 119
beach 87
bee 47
beech 60
beetle 66
beetle, click 87
beetle, diving 129
beetle, great diving 93
beetle, ground 67
beetle, tiger 8, 9
beetle, water 92
beinteach choiteann 86, 87
beith 58, 59
belt, sea 4, 5
bent, common 86, 87
bilberry 60, 87
biolar trá 8, 9

bior-rós froig 108, 129
birch 59
birch, hairy 60
bistort 108
blackbird 70
blackthorn 42
blenny 12
bluebell 74, 75
bogbean 111
bog-cotton 90, 128, 129
bóín Dé 124, 125
bolgán béice 66, 67
bracfhungas 66
bradán 100, 101, 110
bran 108, 129
breac 106, 108, 110
bream 92, 94, 108, 129
broc 64, 65, 126
broigheall 16, 17
brooklime 92, 95
buaf 126
buachalán buí 8
buíóg ruibheach 73
bullfinch 70
bulrush 94, 95, 129
bur-read 108
buttercup 74
butterfly 72
butterfly, brimstone 72, 73
butterfly, brown argus 9
butterfly, common blue 9
butterfly, green hairstreak 86, 87
butterfly, large white 72, 73
butterfly, peacock 72, 73
butterfly, silver-washed fritillary 72
butterfly, small heath 86, 87
butterfly, small tortoiseshell 72, 73
butterfly, speckled wood 72

C

cabáiste an mhadra rua 76, 77
cadóg 29
caidhp bháis 66, 67
cailleach oíche 120
caisíneach 5, 10
caithne 56, 57
caonach 68, 86, 90
caora 86
caorthann 57
carrageen 5
carraigín 4, 5, 10
caterpillar 60, 72, 128
céadchosach 67
ceannbhán 90, 129
ceann cait 120
ceannruán 13
cearc cheannann 95, 98, 99
cearc fhraoigh 70
cearc uisce 98, 99
celandine, lesser 75
centipede 60, 66, 67
char 110, 111
chlamydomonas 113
ciaróg 68, 70, 126
ciaróg thíograch 9
cíb ghobach 14
cláirseach 67, 126
cláirseach thrá 5
clamadamanas 112, 113
cloicheán 13
cloigín gorm 74, 75
clover 8
clubmoss 66, 67, 76, 77
cnádán 126, 127
coaltit 70
cockchafer 124
cockle 4, 5, 6, 7, 26, 32, 33, 38
cod 20, 22, 26, 28, 29
Codium 10, 11
coigeal na mban sí 94, 95, 129
coinín 8, 9, 117
coiréalach 10, 11
coirleach 4, 5
coll 56, 57, 58
colm coille 71
conach na cealtrach 72
conger eel 30
coot 84, 94, 95, 98, 99, 108

coralline 10, 11
corcrán coille 70
cormorant 16, 17, 94
corr réisc 95, 96, 97
cowslip 74
crab 12, 30, 38, 112, 66
crab apple tree 59
crab, hermit 12, 26
crab, shore 5
cranberry 128
crawfish 30, 31
créachtach 95
creamh na muice fia 90, 91
crobh préacháin 74
cromán na gcearc 70
crosóg mhara 12, 13
crotach 86
crow 70
cruidín 96, 97
cruimh 126
cuach 70
cuachma 6
cuachma, ubhshac na cuachma 7
cuachma chon 7
cuán mara 7, 12, 13
cudal 7
cuil Bhealtaine 90, 91, 92, 108
cuil chadáin 90, 91, 108
cuil chloch 90, 91
cuil ghlas 124, 125
cuileann 58, 59, 62
cuileann trá 8, 9
cuileog 66, 126
cúramán 108, 129
curlew 86, 128
cuttlefish 7
Cyclops 112
Cynips quercus 72

D

dair 59, 60, 62, 80
dallóg fhraoigh 68, 69, 70, 120
damhán alla 67, 78, 126
damselfly 114
daol 67
Daphnia 112, 113

deargadaol 67
deathcap 67
deer 62
deer, fallow 63
deer, red 60, 63
deer, sika 62
deoraí 28
devil's coach horse 66, 67
diatom 12, 113
diatóm 12, 112, 113
dipper 90, 96, 97
diúilicín 6, 11, 32, 33
dock, curled 8
dogfish 6
dogfish eggcase 7
doirb 92
dragonfly 92, 108, 114, 115, 128, 129
dreancaid trá 4, 5, 6
dreoilín 70, 71
dreoilín teaspaigh 120, 125
dropwort 92
drúchtín 122, 126
duck 84
duck, diving 98
duck, tufted 98, 99
duck, wild 108
duckweed 108, 115, 129
duileasc 4, 5, 10, 11
duileasc abhann 129
duilleog bháite bhán 110, 111, 127
duilleog bháite bhuí 129
dúlamán 4
dulse 4, 5, 10, 11
Dytiscus Laponnicus 110, 111

E

eala 98, 99
eala bhalbh 98
eala ghlórach 98
earc 126, 127
earthworm 66, 122, 123
earwig 66, 67
eascann 100, 101, 104
easóg 8, 116, 117
eel 92, 100, 101, 104

eidhneán 84
eilc 62
eitleog 118
elm 80
Erannis defoliaria 60, 73
Euglena 112, 113

F

faocha 4, 5, 12, 13
faocha ghliomaigh 12, 13
faocha leathan 7, 13
faochán Muire 7
faoitín 28, 29
feá 80
feamainn bhoilgíneach 4, 5, 6, 10
feamainn bhuí 4
feá 60
féar cumhra 86, 87
fearnóg 94
feascarluch 118
féasóg na lao 77
féileacán 70, 72, 86
feileastram 94, 95, 129
feirdhris 75
feisciú caorach 86, 87
féithleann 75
ferns 16, 67, 91
fern, filmy 60
fern, hard 60
fern, royal 90
Festuca vivipara 76
fia 62
fia buí 62, 63
fia rua 62, 63
fia Seapánach 62
fia-úll 59
fíneog 124
fíneog dhearg 67
fíogach, ubhshac an fhíogaigh 7
fiteog 86
flounder 94
fly, caddis 91, 108
foracha 14, 15, 17
fox 60, 64, 65, 70
fraoch 16, 62, 70, 86
fraochán beag 86, 87

fraoch coiteann 129
fraoch na haon choise 76, 77
frog 126, 128, 129
frogbit 108, 129
frog-spawn 126, 128, 129
fuinseog 57
fuiseog 70, 86
fungas 66
fungus, death cap 66
fungus, stinkhorn 66, 67
furze 78

G

gabha dubh 96, 97
gailseach 67
gainéad 16, 17
gál darach 72
gallraithneach 90
gannet 16, 17
garbhógach 66, 67, 77
garmachán 20, 102, 103
gé fhiáin 129
giolcach 94, 98, 110, 111
giorria 79
giúrann 4, 5, 11
glasán 4, 5, 10, 11
glasóg liath 91
gleoiseach 70
gliomach 30, 31
goldcrest 70
goose, wild 129
gorman coiteann 9
gorse 79
gorse, western 79
gráinneog 68, 69, 70, 126
grán arcáin 75
grasshopper 120, 124, 125
grebe, little 98
greenfly 125
grouse, red 128
grub 66
guillemot 2, 14, 15, 17
gull, blackheaded 4
gull, common 4
gull, glaucous 4
gull, herring 4

Innéacs *Index* 151

H

haddock 26, 28, 29
hake 28
halibut 22
Halichondria panicea 11
hare 64, 79
hart's tongue 90, 91
hawkmoth 74
hawthorn 42
hazel 56, 57, 60
heather 16, 86, 128, 129
hedgehog 68, 69, 126
harrier, hen 70
herb Robert 74, 75
heron 94, 95, 96, 97
herring 22, 24, 25, 28, 38
holly 59, 60
honeysuckle 74, 75
Hydra 112, 113

I

ialtán leathair 118
ialtóg 118
ialtóg chluasach 118, 119
ialtóg fheascrach 118, 119
ialtóg Leisler 118
ialtóg uisce 118
iora 62
iora glas 63
iora rua 63
iris, yellow 94, 95, 129
iúr 57, 58
ivy 84
ivy, ground 74

J

jay 70
jellyfish 6, 7
John Dory 28

K

kestrel 70, 120, 121
kingfisher 96, 97
kittiwake 14, 15

L

lacha bhadánach 99
ladybird 124, 125
lamprey 92, 93, 100
langa 28, 29
larch 81
lark 20, 86
leamhan 70, 72, 86
leamhán 80
leamhan flanndearg 8
learóg 81
leathóg bhallach 26, 27
leathóg bhán 27
leathóg mhín 27
Lecanora conizaeoides 40, 41
léicean 5, 12, 40
liatraisc 71
lichen 4, 5, 12, 40
limpet 6, 7, 10, 11
limpet, freshwater 90
ling 28, 29
linnet 70
líonánach 127, 129
liús 93
lobelia, water 111
lobster 30, 31, 38
lochall 95
lóibéilia 110, 111
loimpre abhann 93, 100
lon dubh 70
louse plant, 124
luachair 86, 90, 95, 98
luch 70, 120
lugach 5
lug-worm 4, 5, 26, 28
lus an chromchinn 74
lus an tsalainn 9
Lúsatánach 76
lus Bhealtaine 8, 9

M

mackerel 20, 22, 24, 25, 28, 38
madra uisce 8, 95, 100
Máirín na smeach 87
mallard 98, 99
marram grass 8, 9
marten, pine 70
mat-grass 86
maybug 124
mayfly 90, 91, 92, 108
mayweed, scentless 8, 9
mermaid's purse 5, 20
midge 90, 108
millipede 60, 66
minnow 92
mint 94, 95
míol 118
míoltóg 90, 108
mioránach 4, 11
mismín dearg 94, 95
mite 60, 66, 128
mite, red 66, 67
molt 106
monkfish 26
moorhen 84, 94
moss 86, 90
moss, black 108
mosquito hawk 114
moth 72
moth, cinnabar 8
moth, death's head hawk 72
moth, northern eggar 86
moth, winter 60
mouse 68, 70, 116, 120
muirín 4, 6, 32, 33
muiríneach 9
mullet, grey 94
múscán 66
mussel 6, 10, 11, 12, 26, 28, 30, 33, 38

N

naoscach 86
natterjack 126, 127
néal uisce 90
neantóg 73
Nepeta hederacea 75
Nephrops 30, 31
nettle 73
newt 126, 127
nóinín 8, 74

O

oak 56, 58, 59, 60, 80
oak-apple 72

oisre 32, 33
olann dhearg 5
otter 8, 94, 95, 100
owl 120, 121
owl, barn 120
owl, long-eared 70, 120
owl, short-eared 120
oyster 10, 30, 32, 33

P

paraiméiciam 113
paramecium 112, 113
péacóg 73
péine contórtach 81
péirse 93, 108
péist talún 30, 44, 68, 122, 123, 126
perch 92, 93, 100, 108
periwinkle 4, 5, 12
periwinkle, flat 7, 13
pheasant 70, 84
piardóg 31
piasún 70
pike 92, 93
pincín 102
pine, lodgepole 80, 81
pine, Scots 80
pipistrelle 118, 119
pipit 86
pipit, meadow 70
plaice 26, 27
Pleurococcus 41
plover, golden 128
pocaire gaoithe 120, 121
pochard 98, 99
póiseard 99
pollock 22
Polygonum viviparum 76, 77
polypody 60
polysiphonia 5
Pomstoceros 10
pónaire chorraigh 111
pond skater 108, 114, 115, 128, 129
pondweed, Canadian 108, 129
pondweed, floating 108
pondweed, horned 108

portán 12
portán glas 5
prawn 13, 30, 38
prawn, Dublin Bay 30
primrose 75
Primula 74
púca na hoíche 118
púca peill 66
puff-ball 66, 67
purple-loosestrife 94, 95

R

rabbit 9, 64, 116, 117
rabhán 5, 17
ragworm 4
ragwort, common 8
raithneach 16, 64, 67, 70, 91
Ramalina 40, 41
Raphanus maritimus 73
rat 70, 94, 116
ray 6, 20, 26, 27
reed 92, 94, 110, 111
riabhóg 86
riabhóg mhóna 70
ribíní 4
rincs 7
robin 70, 71
roc 20, 27
rón 100
ronnach 20, 24, 25, 28, 38
rook 71, 86
rose, wild 74, 75
ros lachan 108, 114, 115, 129
rowan 56, 60
ruabhreac 110, 111
ruacan 4, 5, 6, 7, 32, 33
ruán beag 73
rúcach 71, 86
rudd 92, 94, 100
rufa 4, 5
ruithéal rí 75
rush 86, 90, 95, 98

S

sabhaircín 75
saidhbhéar 14, 15

sailchuach 75
saileach 90, 91, 94, 95
salán 38
salmon 92, 100, 101, 110
saltwort 8, 9
sandhopper 4, 5, 26
sandwort, sea 8
scadán 24, 25, 28, 38
scallop 4, 6, 30, 32, 33, 38
scian mhara 4, 5, 6, 32
sciata 20
sciata, ubhshac an sciata 7
sciathán leatháir 118
scinnire locháin 114, 115, 128, 129
scurvygrass 8, 9
séacla 12
sea-fir 10
seagull 4
sea-holly 8, 9
seal 8, 100
sea-laces 5
sea-lettuce 4, 5, 10, 11
seamair 8
seamsóg 74, 75
sea-pink 4, 5, 16, 17
sea-slater 5
sea-purslane 8
sea-squirt 10
sea-urchin 7, 12, 13
sedge 108, 128
sedge, bottle 111
seiceamar 80
seilide 68, 122, 123
seilide locháin 92
sfagnam 129
shanny 12, 13
sheep 86
sheep, Galway 86
sheep, Roscommon 86
sheep's-fescue 86, 87
sheep, Wiclow Cheviot 86
shell, purple 28
shell, razor 4, 5, 6, 32
shell, top 7
shipworm 7
shrew 116, 120
shrew, pygmy 68, 69

shrimp 12, 30, 38
síol froganna 126, 129
sionnach 8, 64, 65
skate 6, 20, 26
skate eggcase 7
slug 60, 126, 128
smólach 122
smólach ceoil 71
smugairle róin 7
snail 60, 66, 100, 122, 123
snail, pond 92, 108
snáthaid mhór 92, 108, 115, 128, 129
snipe 86
sól 26
sole 26
sole, lemon 27
sole, white 27
spágaire tonn 98
sparrowhawk 70, 71
sphagnum 129
spideog 70, 71
spider 66, 67, 78
spíoróg 71
Spirogyra 112, 113
Spirorbis 10, 11
sponge 10, 108
sprat 28, 38
springtail 66, 128
spruce, Norway 80, 81
spruce, Sitka 56, 80, 81
sprús Lochlannach 81
sprús Sitceach 81
spurge, Irish 60, 76, 77
squirrel 62
squirrel, grey 62, 63, 70
squirrel, red 62, 63, 70
starfish 12, 13, 32
St Dabeoc's heath 76, 77
stiallach uaine 86, 87
stickleback 20, 92, 102, 103
stoat 60, 116, 117
stonecrop 4, 60

stonefly 90, 91
St Patrick's-cabbage 76, 77
strawberry tree 56
swan 84, 98, 99, 108
swan, mute 98
swan, whooper 98

T

tadpole 126, 129
Tealia felina 13
tench 92, 94, 108, 129
Theodoxus fluviatilis 91
thrush, mistle 71
thrush, song 71
tím uisce 129
tiúilip 74
toad 126
toadstool 66
tom fraochán 87
torbán 126, 129
Tortrix viridana 60, 72, 73
treecreeper 84
trosc 20, 28, 29
trout 92, 108, 110
trout, brown 90
trout, sea 92
tumadóir mór 93, 129
turbard 26, 27
turbot 26, 27

U

ubhóg thuaisceartach 86
úillín domlais 72
ulchabhán 120, 121
úll 58

V

vernal-grass, sweet 86, 87
violet 75

violet, dog 72
violet, wood 74
vole 120
Volvox 112, 113
Vorticella 112, 113

W

wagtail, grey 90, 91
warbler 94
warbler, willow 84
water boatman 92, 93, 108
watercress 92
water-crowfoot, common 90
water-flea 112
waterhen 99
water-lily 108, 110, 111, 127, 129
water-milfoil, spiked 108, 127, 129
water-rat 94
wether 106
whelk 6
whelk, dog 7, 12
whelk eggcase 7
whiting 28, 29
willow 90, 91, 94, 95
woodbine 74
woodlouse 66, 67, 126
wood-pigeon 70, 71
wood-sorrel 74, 75
worm 38, 126
wrack, bladder 4, 5, 10
wrack, channel 4, 5, 10
wrack, knotted 4
wrack, serrated 4, 11
wrack, strap 4, 5
wrasse 22
wren 70, 71, 84

Y

yew 56, 57, 60